职业教育理论与应用丛书

职业技术教育学

ZHIYE JISHU JIAOYUXUE

王建初　张建荣◎编著

中国劳动社会保障出版社

图书在版编目（CIP）数据

职业技术教育学/王建初，张建荣编著. -- 北京：中国劳动社会保障出版社，2021
（职业教育理论与应用丛书）
ISBN 978-7-5167-4935-7

Ⅰ. ①职… Ⅱ. ①王…②张… Ⅲ. ①职业技术教育－教育学 Ⅳ. ① G71

中国版本图书馆 CIP 数据核字（2021）第 174373 号

中国劳动社会保障出版社出版发行
（北京市惠新东街 1 号　邮政编码：100029）
*
三河市华骏印务包装有限公司印刷装订　新华书店经销
787 毫米 × 1092 毫米　16 开本　12.5 印张　216 千字
2021 年 10 月第 1 版　2021 年 10 月第 1 次印刷
定价：39.00 元

读者服务部电话：（010）64929211/84209101/64921644
营销中心电话：（010）64962347
出版社网址：http://www.class.com.cn

内容简介

在教育体系中，职业技术教育与经济的关系最为密切。“科学技术是第一生产力”已成为社会的共识，但科学技术本身只是潜在的生产力，其要成为直接的现实生产力，必须通过劳动者这个中介进行转化，而职业技术教育是培养高素质劳动者的重要手段。我国在从人力资源大国转变为人力资源强国这一过程中，职业技术教育起着不可或缺的作用。

正确认识与理解职业技术教育及其内在规律，对于进一步发挥职业技术教育在人才培养与经济发展中的作用非常重要，这也是本书撰写的主要目的所在。本书是作者在 20 多年来针对本科生、研究生进行职业技术教育原理或理论方面的课程教学基础上编写而成的。

本书内容包括：绪论，职业技术教育的历史发展，科学技术、经济与职业技术教育，职业技术教育与其他系统，职业技术教育与人的发展，人才结构与专业设置，职业技术教育体系与保障系统，职业技术教育课程，职业院校的教学，职业院校德育与校园文化，职业学校教师培养培训，职业技术教育质量保障与评价。

本书力求揭示职业技术教育的内在特点与本质规律，让读者对职业技术教育有相对深入与整体的把握。本书适用于职业技术师范院校师生、职业技术教育研究人员，以及其他职业技术教育工作者。

目 录

第 1 章 绪 论

在研究文献和日常文件材料中，职业技术教育（vocational and technical education）常常存在不同的称谓，各国所使用的名称不一，也无统一的严格定义。在我国古代，职业技术教育的称谓可归为百工教育。

在现代社会中，职业技术教育常常用到的一些称谓有实业教育（industrial education）、职业教育（vocational education）、技术教育（technical education）、综合技术教育（polytechnical education）、技术和职业教育（ technical and vocational education）、技术和职业教育与培训（technical and vocational education and training）等。这些称谓各有其产生的时代背景，在其内涵理解上也存在着一定的差异。

一、职业技术教育的概念内涵

职业技术教育有广义和狭义之分。广义上来说，凡是通过言传身教、手口相传、世袭家传、师傅带徒弟等方式，在劳动和生活过程中传授技术知识和技能的活动，都属于职业技术教育范畴（张家祥、钱景舫，2001）。狭义的职业技术教育是指在专门的教育机构中有目的、有组织、有计划地对受教育者开展技术知识与技能传授的活动，所实施的教育是针对某一类岗位或岗位群而开展的相关道德培养、文化基础与技术理论学习、技术技能训练。这类教育特别重视学生职业技能操作及其实际应用能力的培养。

近代职业技术教育在大工业机器生产的基础上形成，用传统的学徒制培训劳动力已经不能满足工业生产对技术工人的需要。生产部门培训劳动力的任务逐渐被专门的职业技术学校所代替。与其他类型教育相比，职业技术教育偏重理论的应用和实践技能、实际工作能力的培养。大多数职业技术人才培养工作主要由高级中学阶段和高等专科阶段的学校来承担，很小部分培养工作是由初级中学阶段的学校来实施。随着社会经济与科技的发展，国内也逐渐试点发展本科层次的职业技术教育。

职业技术教育机构的培养目标主要定位为技术技能型的实用人才。与手工业生产方式相适应的学徒制是职业技术教育的早期形态，当代的职业技术教育也在推广现代意义上的新型学徒制形式。目前职业技术教育所实施的现代新型学徒制有别于过去手工业时代的学徒制。

（一）实业教育

“实业教育”一词是我国近代职业技术教育的一种称谓，它是伴随着洋务运动中实业学堂的出现而产生的。之后，各地不断增设实业学堂。到民国初期，实业学堂改称为实业学校。

“实业教育”源自英语中的“industrial education”，本义为“工业教育”，经日本转译为“实业教育”。1902 年，清政府颁布《钦定学堂章程》，第一次承认实业教育的合法地位（董江华，2006）。实业教育主要是为了满足近代工商业经济发展，通过实业学堂进行实业人才的培养。它泛指实施农、工、商各业所必需的知识和技能的教育，旨在培养技术工人和中初级技术人员，改善群众生活，发展国民经济。

（二）职业教育

在西方，现代意义上的职业教育于 18 世纪末产生于欧洲，最初采用学徒制形式。19 世纪，随着工业的发展，一些欧洲国家开始采用学校教育形式来实施职业教育，设立的通常是中学教育阶段的职业学校或职业补习学校。

在我国，“职业教育”一词由先前的实利主义、实用主义教育思想发展演变而来，为职业教育家黄炎培等所倡导，通过中华职业教育社这一机构积极推行。中华职业教育社于 1917 年 5 月 6 日由黄炎培联合蔡元培、梁启超、张謇、宋汉章等 48 位教育界、实业界知名人士在上海创立。黄炎培在中华职业教育社成立发表宣言时提出：“今吾中国至重要、至困难之问题，厥惟生计。曰求根本上解决生计问题，厥惟教育。”

黄炎培早期的职业教育思想更多地以解决个人生计问题为重，认为职业教育的要旨有三个：“为个人谋生之准备”“为个人服务社会之准备”“为世界、国家增进生产力之准备”。20 世纪 20 年代起，他提出“使无业者有业，使有业者乐业”的职业教育目的。此后，他还提出“大职业教育主义”的概念。

黄炎培所提出的职业教育目的是：通过对学生施以从事某种职业所必需的知识、技能的教育和训练，沟通教育与生活、学校、社会之间的联系，从而解决工商业发展所急需的人才和学校毕业生的就业问题。经过几年的努力，职业教育思潮得到广泛传播。1922年颁布的“壬戌学制”中，职业教育占有重要地位。

新中国成立后，特别是我国自1996年9月1日起施行的《中华人民共和国职业教育法》，使“职业教育”一词有了法律依据，标志着“职业教育”这个提法得到官方的法律认可。

（三）技术教育

“技术教育”一词通常有两种理解。

第一种理解是指培养技术人才的职业准备教育。由于生产技术的发展，尤其到了电力技术阶段，其应社会需要而产生。初期处于中等教育后期和高等教育初级阶段水平，教授应用于设计、施工、检验或生产活动之中的科学及工程原理和法则。

技术教育是对各类技术的传授和训练，目的是培养社会所必需的技术人才。技术教育不仅在学校中进行，还要在社会生产各个领域中进行，主要传授国民经济中各部门的专业应用技术。技术教育的核心就是技术的传授和训练，它已成为世界各国教育系统中的重要环节（方鸿志，2009）。

第二种理解泛指以传授一定技术基础理论并以应用为目的的教育。区别于运用科学规律阐述自然和社会生活中各种现象发生、发展的科学教育，其是对全体劳动者在不同水平的普通教育基础上所实施的不同层次、不同内容的专业性教育，使他们掌握特定领域，如民用建筑、家用电器、食品工程、农业经济、园艺、财经、服装设计及制作、工艺美术、计算机应用、劳动人事管理等的基础理论和应用能力。

（四）综合技术教育

综合技术教育又称“多科工艺训练”，在苏联使用比较普遍。它是普通教育中关于多种生产技术的一般原理、方法、技能的教育。同单一技术教育或职业教育相区别，综合技术教育旨在使学生了解现代生产的一般科学原理，掌握使用简单劳动工具和机器设备的技能技巧，获得现代技术和工艺原理、生产组织和管理的知识。其实施有助于实现教学与生产劳动相结合，在广泛的综合技术训练基础上，使学生得到全面、和谐的发展。

我国劳动技术课的内容具有综合技术教育的因素。其中，有关工农业生产、服务性行业中最常用的科学技术基本原理的知识，不仅在劳动技术课教学中，还在生物、化学、物理、数学、地理等学科教学中传授，使这些学科的科学知识同工农业生产的知识技能结合起来。

（五）职业技术教育

有观点认为，职业教育与技术教育是有层次差异的，并提出职业教育培养的是一线技能型人才，而技术教育培养的则是技术型人才。正是在这种理解基础上，职业技术教育正好把两者都涵盖进去。因此，根据这种看法，职业技术教育可以理解为由职业教育和技术教育两大部分所构成，也称为“职业和技术教育”。

基于这种理解，职业技术教育从接受教育的时间维度可以划分为三方面内容：①普通教育的职业技术入门教育；②为了在某一职业领域就业而做准备的职业技术准备教育；③作为继续教育一个方面的职业技术继续教育。从教育水平上来看，职业技术教育可以划分为初等、中等、高等三个层级。

上述这种理解是从学校实施职业技术教育来看的，属于狭义的判断，通常被认为是正规的职业技术教育。如果从广义上来看，职业技术教育还包含各种形式的职业技术培训。

（六）技术和职业教育

1974 年，在联合国教科文组织第 18 届大会上通过的《关于技术和职业教育的建议（修订方案）》把“技术和职业教育”当作一个综合性的名词来使用。

技术和职业教育内容除了普通教育外，还包括技术和有关科学的学习，以及掌握与社会、经济各部门的职业有关的实际能力和知识的学习等。它包括职前、职后各级各类职业和技术教育，以及普通教育中的职业教育，主要涉及培养技术工人的职业教育，培养技术员、技师等应用人才的技术教育，适应职后进修和转业的各种继续教育，以及普通教育中的劳动教育和各类职业课程。这里的技术和职业教育与我国所使用的“职业技术教育”一词应属同义。

1999 年 4 月，韩国首都汉城（现改译为“首尔”）召开第二届国际职业技术教育大会，又将“技术和职业教育”这个称谓改为“技术和职业教育与培训”，将职业教育与就业培训、在职培训视为一个统一的连续过程。其英文写法为 technical and vocational education and training，缩写则为 TVET。

本书所采用的“职业技术教育”一词，与技术和职业教育、技术和职业教育与培训，以及与《中华人民共和国职业教育法》中所使用的“职业教育”一词视为同等内涵，并没有本质上的差异。因此，如果没有特别需要强调的话，这几个词可以互用。

二、职业技术教育的特性

作为教育体系中的一种类型，职业技术教育具有自身的特点。其特点主要体现为经济性、职业实践性、多样性等方面。

（一）职业技术教育的经济性

在教育体系中，职业技术教育与经济的关系最为密切。职业技术教育是一种具有强烈经济行为和企业行为的教育形式，有着鲜明的经济性。可以说，其经济性是区别于其他类型教育的一个重要特征，也是其能满足社会经济建设要求的关键所在。

其经济性主要体现在：以就业为导向的教育模式，突出“工学结合、校企融合”的做法，注重培养学生的综合职业能力，采用理论学习与实践操作一体化的教学形式，运用团队学习、小组合作式的学习方法，有效结合校内学习与校外实习实践，从而满足企业职业岗位需要和学生个体发展需要的双重要求。

职业技术教育在办学上以市场为导向，以岗位要求为标准，以技能操作为重要形式，以学生能力培养为本位，以社会行业的需求为教育追求。因此，在某种意义上，职业技术教育又可以称为“就业教育”（吴纪周，2008）。无论是国民经济，还是区域经济，其发展都要依靠三要素，即资金、自然资源和人力资源。自然资源是基础，资金是杠杆，人力资源是关键。没有人的参与，社会和经济不可能进步。

在经济学理论上，人力资源的出发点是通过有效的人力资本投资，将自然形态的人力资本转化为适应经济和社会发展需要的人力资源。“知识就是力量”“科学技术是第一生产力”的论断，都是对人力资源促进社会和经济发展的肯定。

职业技术教育是人力资源开发的重要手段。随着社会的进步，人类对作为经济发展基础的自然资源进行不断攫取，导致其日渐减少，因此人力资源的作用越来越大。职业技术教育是经济发展的原动力，经济发达国家无不将其作为促进经济发展的大事，如第二次世界大战后的日本通过企业中的职业技术教育来提高劳动者素质，尤其是高等职业技术教育使其劳动者具有较高的生产水平和生产技能，促进经济迅速发展，职业技术教育被看成“经济发展的柱石”。在德国，“双元制”职业技术教育则被认为是第二次世界大战后其重新崛起的“秘密武器”（高银桥，2009）。

（二）职业技术教育的职业实践性

职业技术教育是培养人的实践活动。它所培养的是一线的“应用型”人才。这里的职业实践性是指职业技术教育通过实践技能操作的途径来培养生产、建设、管理和服务领域所需的高素质劳动者和技术技能型人才，注重学生个体职业实践能力的培养，具有以职业为导向、为就业服务的特点。

职业技术教育的职业实践性集中体现在“理论联系实际”这一核心理念上，要求教师在教学过程中用科学知识和实践技能去培养与发展学生，结合学生实际，联系专业实际，以使理论知识运用于学生的职业与操作技能。同时，职业技术教育要求学生在做中学，将理论学习与实践操作融于一体，做到学用结合。职业技术教育最终能够使学生学以致用，获得比较全面的知识和技能（马建富，2008）。

职业技术教育的职业实践性还体现在如下一些方面：培养目标以就业为导向，满足并适应相关职业岗位实际所需；培养过程以学习理论与实践相结合，突出动手实践能力，并强化实习实训环节；课程与教学内容来自相应职业领域的实际工作任务或过程；教学设施与场所强调与真实的情境相近或类似；专业教师具备实践动手能力和教育教学能力等。这与当前职业技术教育领域所提出的“五个对接”理念中的四个是相呼应的：专业设置与产业需求对接，课程内容与职业标准对接，教学过程与生产过程对接，毕业证书与职业资格（技能等级）证书对接。

（三）职业技术教育的多样性

从内容和涉及领域来说，职业技术教育具有广泛性和多样性。由于职业技术教育所培养的人才面向生产、建设、管理与服务一线，与我们生活方方面面的需要息息相关。

职业技术教育所设置的专业类型分布广、数量多、差异大、包罗万象，涵盖职业领域绝大多数一线岗位。

从教育对象来看，职业技术教育是面向每一个人的教育。也就是说，人人都需要职业技术教育。普通教育中存在着职业技术教育的内容或因素，即职业技术教育的“入门教育”。例如，普通中小学为使学生了解劳动世界，帮助学生选择合适职业和使学生具有初步的职业素养而进行的职业知识和技能教育。它不是为特定群体从事某一特定职业来实施的教育内容，而是普通教育内容的一个组成部分。

此外，从广义上来看，除了职业技术学校教育外，职业技术教育还包括职业培训与职业指导。因此，职业技术教育所涉及的人非常普遍。职业培训包括岗前培训、晋级培训、转岗培训、再就业培训，以及各种社会化的技能培训。职业指导对在校学生来说，不论是升学还是就业，均具有重要帮助作用。此外，职业指导对已经在职的工作者，特别是下岗失业后再就业者来说，也是不可缺少的。

三、职业技术教育发展趋势

随着科学技术的不断进步和经济社会的日益发展，以及科学技术越来越多地应用到生产实践中去，职业技术教育出现了越来越多的新发展趋势，如普通教育与职业技术教育相互渗透，体现为普通教育职业化、职业技术教育普通化，以及职业技术教育终身化、职业技术教育重心上移等。

（一）普通教育与职业技术教育相互渗透

在人的发展要求越来越多的大背景之下，以前普通教育与职业技术教育两者界限相对分明的现象逐渐消失，取而代之的是普通教育与职业技术教育相互渗透，体现出普通教育职业化、职业技术教育普通化的趋势。

1. 普通教育职业化

这是普通中小学教学内容发展的一种趋势。伴随学生全面发展的培养要求，普通中小学的教学也相应地增加一些非专门化的职业基础教育内容，以加强学习与工作、学校与社会的联系。

习近平总书记于 2018 年 9 月 10 日在北京召开的全国教育大会上强调，要培养德智体美劳全面发展的社会主义建设者和接班人。作为教育方针的一项重要内容，“劳”被正式确立下来，与“德、智、体、美”并列。作为职业技术教育的重要组成内容，劳动教育对于培养学生的劳动意识、劳动观念、劳动精神、劳动技能等都是不可或缺的。

在中等教育趋于普及的基础上，部分高中毕业生不打算升入高等学校而选择就业。有的学校为学生提供满足就业要求或能获得某种职业技能的实用技术课程，以让他们毕业后能较快地适应职业生活。同时，普通教育中也越来越重视职业指导的渗透。

2. 职业技术教育普通化

这是职业院校教学内容发展的一种趋势。职业技术教育不能限于狭窄的专业内容学习，还需要加强文化、科学和技术的基础知识学习，以适应因科技发展和生产方式变化而带来的职业变动。一方面，由于科学技术日新月异，各行各业要求劳动者有较高的文化水平，因此职业院校在人才培养上重视专业课程学习的同时，也十分强调文化基础课程的学习。另一方面，中等职业技术学校学生有越来越多的升学需求，客观上也强化了文化基础课程的学习。

（二）职业技术教育贯穿于人的终身

职业技术教育贯穿于人的终身，是实现“终身教育”的一种形式。一个人在一生中只有接受多次职业技术教育，才能不断地具有胜任各项工作的能力。

在学前和小学教育阶段，对儿童进行包括职业意识、劳动光荣等基本理念的教育。进入初中阶段后，接受职业技术教育的机会越来越多，既可以通过在普通教育教学内容中渗透使学生接受初级职业技术教育和培训，也可以在初中毕业后通过分流接受以就业为导向的职业技术学校教育。

进入职业社会以后，人们也必须根据生产、科技发展的需要，接受各种职业培训以完善自己。当人们达到一定年龄，离开职业岗位后，仍然可以根据自己的特点和需求，选择职业技术教育相关领域、类型与相应学习内容，以不断地充实、完善自己，并满足自己对教育享受的需要。

（三）职业技术教育重心上移

职业技术教育在层次发展上，出现了重心逐渐上移的趋势。随着现代科学技术在生产中的普遍应用，各行各业越来越需要更高水平的技术技能型人才和介于工程师与工人之间的“中间型人才”。特别是在经济发达国家或地区，职业技术教育领域发生了逐渐提高到以高中毕业为起点进行教育的变化，即向中等教育后的层次上移，属于高等教育范畴的职业技术院校的规模与数量在不断扩大。中等教育普及化、高校招生规模的扩大也是这种趋势的推动力之一。

2014年，我国教育部等部门发布了《现代职业教育体系建设规划（2014—2020年）》，提出要建设本科层次与硕士层次的职业技术教育。文件相关内容表述如下：在办好现有专科层次高等职业（专科）学校的基础上，发展应用技术类型高校，培养本科层次职业人才，建立以提升职业能力为导向的专业学位研究生培养模式。

2019年，我国正式出现经教育部批准的本科层次职业技术教育试点学校。这也是2019年《国家职业教育改革实施方案》中提出的“开展本科层次职业教育试点”工作实施的具体体现。

除了上述趋势之外，职业技术教育发展的趋势还包括：职业技术教育与职业技术培训并举，即职业技术培训对于个体来说越来越重要，对于社会来说具有越来越不可缺少的价值；职业技术教育在教育体系中，与其他教育的关系越来越紧密，特别是与普通教育、高等教育和成人教育等越来越多地进行沟通、衔接与渗透；职业技术教育的国际化越来越受到重视。

四、职业技术教育学科建设

职业技术教育学作为教育学的一个重要分支，是一门研究职业技术教育现象、探讨职业技术教育发展规律的新兴学科。它的产生和发展是基于社会对职业技术教育日益增长的需要。它是教育学和职业技术教育的实践活动发展到一定历史阶段的产物（王金波，1989）。

（一）学科分类

国务院学位委员会、教育部2011年颁布了《学位授予和人才培养学科目录》。该目录是国家进行学位授权审核与学科管理、学位授予单位开展学位授予与人才培养工作的基本依据，适用于硕士、博士学位研究生的招生和培养、授予，并用于学科建设和教育统计分类等工作。

目前，高校的学士学位均按该目录的学科门类进行授予。该目录确定了13个学科门类，并赋予相应的代码，具体为：哲学（01）、经济学（02）、法学（03）、教育学（04）、文学（05）、历史学（06）、理学（07）、工学（08）、农学（09）、医学（10）、军事学（11）、管理学（12）、艺术学（13）。教育学是13个门类中的一个，代码为04。

教育学门类（04）包括3个一级学科（见表1-1），分别为教育学（0401）、心理学（0402）和体育学（0403）。教育学一级学科包含10个二级学科，分别为教育学原理、课程与教学论、教育史、比较教育学、学前教育学、高等教育学、成人教育学、职业技术教育学、特殊教育学、教育技术学。职业技术教育学是教育学一级学科之下10个二级学科之一，其代码为040108。

表1-1　　教育学门类的学科构成

一级学科名称	一级学科代码	二级学科名称	二级学科代码
教育学	0401	教育学原理	040101
		课程与教学论	040102
		教育史	040103
		比较教育学	040104
		学前教育学	040105
		高等教育学	040106
		成人教育学	040107
		职业技术教育学	040108
		特殊教育学	040109
		教育技术学	040110
心理学	0402	基础心理学	040201
		发展与教育心理学	040202
		应用心理学	040203
体育学	0403	体育人文社会学	040301
		运动人体科学	040302
		体育教育训练学	040303
		民族传统体育学	040304

除了上面所设学科之外，教育学还与其他学科交叉，形成教育学交叉学科，如教育哲学、教育法学、教育经济学、教育心理学、教育人类学、教育社会学、教育行政

学、教育文化学等。

在此基础上，职业技术教育学也存在类似交叉研究领域，如职业技术教育哲学、职业技术教育法学、职业技术教育经济学、职业技术教育心理学等。

（二）职业技术教育学科建设与研究机构

开展职业技术教育研究的人员主要有两类：一类是职业技术教育研究机构的专职研究者；另一类是职业技术教育实践者，他们是在职业院校从事职业技术教育工作的一线教师。

职业技术教育研究机构的专职研究者主要依托于职业技术教育学专业的高层次人才培养。我国第一个职业技术教育学硕士点于1988年在华东师范大学设立，至20世纪90年代，通常每年招收1~2人。我国第一个职业技术教育学博士点于2002年在华东师范大学设立。

目前全国有数十所高校设立了职业技术教育学博士点或研究方向，有近百所高校设立了职业技术教育学硕士点或研究方向。职业技术教育学硕士点与博士点的增设，对于职业技术教育研究工作及其研究队伍能力提升来说，都有着十分重要的促进作用。

在研究机构设置方面，教育部职业技术教育中心研究所于1990年5月由德国政府提供资助建立。上海职业技术教育研究所于20世纪90年代后期改名为上海市教育科学研究院职业技术教育研究所，之后归并于上海市教育科学研究院职业教育与成人教育研究所。此外，全国许多高校还成立了职业技术教育方面的研究院（所）等研究机构，如北京大学于2009年6月成立中国职业研究所，北京师范大学于2011年2月成立国家职业教育研究院。上述研究机构的设立对于我国职业技术教育理论和实践发展来说，均具有重要的推动作用。

目前，国内专门针对职业技术教育的学术研究期刊有《职业技术教育》（长春）、《教育与职业》（北京）、《中国职业技术教育》（北京）、《职教论坛》（南昌）、《职教通讯》（常州）、《世界职业技术教育》（西安）、《职业教育》（杭州）、《当代职业教育》（成都）、《卫生职业教育》（兰州）、《机械职业教育》（无锡）、《职业教育研究》（天津）、《高等职业教育》（天津）。其中《职业技术教育》《教育与职业》《中国职业技术教育》《职教论坛》四种期刊多年来一直被列入北京大学图书馆发布的全国中文核心期刊目录之内。

（三）职业技术教育学科研究领域与研究内容

与教育学的其他二级学科一样，职业技术教育学科也有着自己专门的研究领域。从职业技术教育学层次来划分，研究领域可分为初等职业技术教育学、中等职业技术教育学、高等职业技术教育学等。

从不同研究视角来看，职业技术教育学科研究的内容也是有差异的。围绕职业技术教育自身研究重点，刘合群提出的三个方面内容包括：研究培养职业技术人才的种种职业技术教育现象；解决培养职业技术人才的职业技术教育问题；探索职业技术人才的培养规律（刘合群，2004）。

从职业技术教育学科研究内外部关系视角来说，崔士民提出三方面的研究内容：第一，职业技术教育领域内部各因素之间的关系，即职业技术教育的内部因素的构成及其相互之间的制约关系；第二，职业技术教育领域的外部关系，即职业技术教育与经济和社会发展、科技进步之间的关系；第三，职业技术教育的对象，涉及对受教育者开展的教育活动（崔士民，2008）。

根据姜大源的观点，职业技术教育的科学研究应该包括职业技术教育学和职业科学两大方面内容。前者是从职业对教育的影响角度，后者则是从教育对职业的影响角度来研究职业技术教育的。职业技术教育学科基本问题研究至少包括四方面内容：职业技术教育学的研究、职业研究、职业科学研究、职业教学论研究（姜大源，2007）。

针对职业技术教育学科研究的根本任务，徐英俊（2008）提出四方面任务：第一，分析职业技术教育现象，研究职业技术教育问题；第二，总结职业技术教育经验，揭示职业技术教育规律；第三，研究职业技术教育方法，提高职业技术教育质量；第四，指导职业技术教育实践，促进职业技术教育发展。

思考题

1. “职业技术教育”这个术语有哪些不同称谓？其各自内涵分别有何差异？
2. 职业技术教育有什么具体特征？
3. 职业技术教育呈现怎样的发展趋势？
4. 如何认识职业技术教育学科？

本章主要参考文献

[1] 张家祥，钱景舫．职业技术教育学 [M]．上海：华东师范大学出版社，2001.

[2] 董江华．从“实业教育”到“职业教育”——从名称的转变看清末民初我国职业教育的发展 [J]．职业技术教育（教科版），2006（4）：74-76.

[3] 方鸿志．技术教育的历史与逻辑探析 [D]．沈阳：东北大学，2009.

[4] 吴纪周．浅析职业教育的经济性 [J]．职教论坛，2008（13）：52-54.

[5] 高银桥．经济欠发达地区职业教育与区域经济的互促关系 [J]．成人教育，2009（12）：39-40.

[6] 马建富．职业教育学 [M]．上海：华东师范大学出版社，2008.

[7] 王金波．职业技术教育学导论 [M]．哈尔滨：黑龙江教育出版社，1989.

[8] 刘合群．职业教育学 [M]．广州：广东高等教育出版社，2004.

[9] 崔士民．职业教育学概论 [M]．成都：电子科技大学出版社，2008.

[10] 姜大源．职业教育学研究新论 [M]．北京：教育科学出版社，2007.

[11] 徐英俊．职业教育学 [M]．哈尔滨：东北林业大学出版社，2008.

第2章

职业技术教育的历史发展

职业技术教育是随着生产技术的发展而发展和变化的。本章主要介绍学徒制形式的职业技术教育、学校形式的职业技术教育。

一、学徒制形式的职业技术教育

通过学徒制形式，学徒在实践中接受指导与训练。由于这种形式非常有助于学徒职业能力的提升，一段时间以来，西方国家借鉴学徒制的优势和特点，在职业技术教育中不断地提倡与推行现代新型学徒制。近年来，我国也开始在职业院校中积极试点并推广现代新型学徒制。

（一）学徒制的内涵及历史发展

1. 学徒制的内涵

学徒制是职业技术教育的早期形式，也称艺徒制、师徒制。学徒制是一种在实际生产过程中师傅以口传手授为主要形式的技能传授方式。学徒制是古代小生产者和手工业劳动者的技艺技能得以延续的重要教育手段。它是国内外古代职业技术教育的基本途径。它是在小生产基础上产生的，最初形式是家庭手工业中长辈把技艺传授给子女。

《教育大辞典》对于学徒制的界定有两种含义。第一种是针对我国历史上的学徒制度来说的，主要是指我国古代官府手工业作坊培养工匠的制度。第二种是针对西方各国的职业训练制度，在古希腊和罗马时期已广泛使用，不仅手工工人，甚至雄辩家与法律家也通过此形式进行培养。

2. 学徒制的特点

学徒亦称“学徒工”“艺徒”或“徒弟”，是指企业中在师傅指导下学习技术或手艺的青少年。在古代，有“视师如父，视徒如子”“一日为师，终身为父”“师傅是徒弟的衣食父母”等说法。

学徒制教育是以一种自由松散的、缺乏明确目标与内容规划的形式进行的。学徒期限依行业的不同而有所差异，但在学徒期限内能否学到入行的技艺，往往取决于师傅个人的喜好和意愿。

学徒制通常具有以下几个方面的特点：师傅与学徒之间是师徒关系或父子关系；通常要经历拜师学艺的仪式，在时间、任务、权利、义务、形式等方面进行约定，学徒期满就可出师而独立从业；学习形式为口手相传、言传身教，体现为随意灵活、做学结合。

3. 学徒制的历史发展

（1）我国的学徒制发展

学徒制在春秋时期已具雏形，主要形式是父子相传，工种有木工、金工、皮工等，统称“百工”。战国时期，师傅可在作坊中择徒授艺。

汉唐时期，逐步设立由各种手工作坊组成的生产性官署，生产皇室与政府所需的各种器物。唐代已形成较完备的制度，分别规定各种工种的学徒期限。季度末和年终分别由长官主持考试，学徒则须在自己制作的器物上刻上姓名，以便考核。

宋代至清代，基本沿袭唐代教授和考核学徒的制度。此外，民间戏曲、中医、手工业等从业人员，也主要通过师傅带徒弟方式进行培养和训练。至今，某些特殊技艺，如雕塑、戏曲、武术等人才的培养，仍然沿用此制。但师徒关系已发生了本质上的变化。

（2）欧洲的学徒制发展

在欧洲，学徒制源于古代行会，这些行会对本行业学徒培训要求严格，有相应的管理和考核规定。在大工业出现以前的手工业生产时期，一般是由雇主与学徒订立契约，按协议进行职业训练。在规定期限内，雇主以师傅身份向学徒传授技艺，学徒须尽力为雇主提供劳动服务，报酬微薄。

文艺复兴时期，艺术家和工匠便开始用心开发用于训练未来工作者的指导纲要。13—14 世纪的德国，出现了一种类似于行会的由技艺精湛的建筑师和石匠组成的协会，并且完全独立于行会系统。

大工业生产出现后，要求现代技术工人必须掌握一定的文化科学知识，从而出现了学徒制与学校教育融合的训练形式，技艺传授采取学徒制，文化科学知识传授则在学校内进行。学徒制日渐被学校教育所替代，有的则演变成了“双元制”职业教育模式。

4. 学徒制的做法——以古代晋商为例

过去的晋商在我国很有名，这里以古代晋商针对学徒的做法为例，从以下几个方面进行具体介绍。

（1）入门前的相关考察

任何人想进入商号学习，都需要一位有名望、有信誉的人保举，这就是学徒的保举制。介绍人被称为“铺保”，他必须与商号掌柜熟识，取得商号的信任；有的商号则规定介绍人必须是与商号有利害关系的人。这是最基本的前提条件。一旦学徒被除号，就让介绍人把学徒领走，必要时介绍人负连带责任。在认可了介绍人之后，接着就是对学徒家庭的了解。学徒最好是当地人，这种籍贯限制主要是为了便于了解学徒的家庭情况，同时也便于对学徒日后的管理。这反映了亲缘关系和地缘关系在晋商人际交往和商业运作中的重要性。

此外，还要求学徒家世清白，其父母必须老实厚道。由于“恐有不良遗传”，“必问其以上三代做何事业，出生贵贱”，对学徒家庭背景的了解，是晋商考察学徒的重要前提。

对学徒家庭背景基本无异议后，才对学徒进行考察。首先要求学徒年龄一般在15~20 岁，身高五尺（1 尺约 33.3 厘米），五官端正。然后让其认字、写字、打算盘，看其文化水平高低；与之交谈，察其应对是否灵活，是否聪明。考察通过后，学徒打躬作揖，免不了一番客气，商号当天有一顿好饭款待学徒，此后就开始了更严格的考察与磨炼。

（2）日常礼仪方面的要求

从日常起居到衣食住行，从商号内部事务到商号对外交往，对学徒都有一套很细致严格的礼仪规范。凡打水、烧水、扫地、铺床叠被、侍候掌柜等事务，都由学徒来做，一般至少要做一年。

晋商炳记的《贸易须知辑要》中这样要求学徒：学小官，扫地先将水洒，可免喷灰，一帚压一帚，轻轻而扫，勿使尘飞。客到，俟客坐定，即斟茶，双手之请茶奉过，退两步，再回头走。茶吃过，即奉烟、请烟。如客坐多时，再茶再烟。客去即将茶盅、烟袋归于原处，不可东搭西掼。

（3）商业基本技能方面的训练

学习写字、珠算、记账、写信等是商业日常所必需的基本功。写字一般是学写小楷。许多商人在这种严格的习字训练下写有一手工整好看的字。

珠算要在晚上关门后练习，忌在白天打空算盘。背口诀，记位数，要求既快又准。一般是管账先生结账时，让学徒打算盘。他故意把数字念得特别快，看谁出手快、打得准。数字念完后，让学徒分别报数，看谁打得对。如果两三次都打错了，管账先生就把算盘一夺，赶其出去，以示惩戒。

（4）职业道德方面的培养

晋商对学徒有着严格的职业道德教育，目的是培养学徒诚信、谦和、正直、忍让、勤俭、吃苦的优良品质。

通过晋商学徒这一个案可知，过去对学徒的要求非常高，从入门到期满，需要为店家（或师傅）做很多日常事务工作，包括这些日常事务与职业技能等在内，学徒所需学习的内容十分丰富，特别是通过对学徒日常起居和言行举止来进行道德品质教育，非常有助于学徒职业素养的培育与养成。

（二）当今瑞士的学徒制教育

瑞士至今仍然采用学徒制职业技术教育的培养形式。学徒制是瑞士培养青少年的主要方式，也是瑞士教育体制的明显特色之一，在国家监督下通过学徒制来培养、培训各行各业的生产、建设、服务等一线工人。

1. 学徒培训 + 职校教育

学徒不需要入学考试，但学徒的接收单位必须拥有一定数量具备相应资质的师傅，只要师徒双方同意便可签订合同，并在有关部门备案。

根据行业与协议规定，学徒期限有长有短，2~4 年不等。学徒主要是在企业中在师傅的带领下从实际工作中得到锻炼和技术培训。同时，各地都有政府或同业公会开设的职业学校，对学徒进行辅助性的、较全面的教育。学徒期间享受一定的工资待遇。

学徒在工作岗位上限于本职工作，学习面相对较窄。根据政府的有关规定，企业主或师傅让学徒每周留有一至两个工作日去职业学校上课。在职业学校，学徒是以学生身份每周学习一至两天。职业学校按专业领域分班，学习的内容包括：①本职业工种各种不同的操作技术，如做门窗的学徒也学习做家具、木雕、拼花图案等；②本职业领域的相关理论知识；③一般文化及商业知识，如经济、语文、外语等。此外，学徒还可以进一步拓展学习理化、绘画、设计等课程。

2. 学徒考试

学徒期满，学徒要参加本地区考试委员会的考试，考试合格后领取证书，便可以成为企业的一名正式员工。

各行各业都有为学徒设立的考试委员会，其成员有大企业的代表、有关行业的雇主代表、职校教师以及其他社会人士。各行业的培训需要达到的标准，也都有较具体的规定。

考试内容一般包括文化知识、本行业的理论知识和实际操作技术。

考试要求以实际操作为重点，比如：学木工，要做出合格的家具；学厨师，要能烧出美味佳肴；学餐厅服务员，要能有条不紊地同时照料一二十位客人。考试不及格的学徒，往往是因为实际操作过不了关。通常情况下，在学徒期间大致有 5%~6% 的人会出现辍学现象；最后考试时，往往也会有 10%~20% 的人通过不了。

二、学校形式的职业技术教育

（一）职业技术学校教育的开端

18 世纪以前，除了专业性训练外，职业技术教育的早期雏形主要是学徒制。18 世纪 60 年代，英国爆发了工业革命。19 世纪初，这场工业革命波及整个欧洲和美洲。以工业革命为契机，随着机械化生产的出现，产业生产的载体从手工作坊式的家庭转向生产工具以机器为代表的工厂。

一方面，随着生产方式的不断进化，生产机械日益得到改进与推广，使工人不再需要掌握更多的劳动工序，只有极少数人才需要掌握学徒制时期学徒掌握的多方面技能。而且，由于新的生产工艺只要几个月即可完全掌握，长达数年的学徒期限已经变得没有必要。在此大背景之下，原来所盛行的学徒制面临着被替代与瓦解的危机。

另一方面，从 19 世纪后半叶起，欧美的先进国家开始了“钢铁与电的新技术时期”，技术发明迅速应用于各种产业，产业技术化程度日益得到提高。工业技术的变革和推广应用迫切要求各生产环节的劳动者进一步掌握相应的科学技术知识和岗位技能，产业领域需要大批具备一定文化基础和专业知识的一线操作人员。而原有的学校教育已不能满足当时资本主义发展和企业岗位对劳动者的需要。基于现实的客观需要，学校形态的职业技术教育得以出现与发展，并逐渐被纳入学校教育体系之中。

伴随产业技术和工厂企业的进一步发展，一些欧洲国家开始在小学阶段和中学阶段兴办职业技术教育，并出现了专门的职业技术学校和专门从事职业技术教育的教师，同时也要求职业技术教育需具有明确的目的性、严密的计划性和组织性，并要求职业技术学校选择适当的教育内容，采取行之有效的教育教学方法（王金波，1989）。

从教育史上看，法国是最早建立职业技术学校的国家。早在 18 世纪末，法国的学徒制渐趋崩溃。在此情形下，法国政府决定学校形式的职业技术教育代替学徒制。

在德国，最早的近代化工业学校于 19 世纪初开设。

虽然工业革命发端于英国，但是英国职业技术学校的设立要晚于法国与德国。

伴随洋务运动的开展，我国于 1866 年设立了第一所实业学堂——福州船政学堂，标志着我国近代职业技术学校教育的开始。

日本于 1874 年设立了驹场农学校，同时还在东京开成学校内开设“制造学教场”，1875 年设立了札幌农学校，1876 年设立了京都府立农牧学校。这些学校的设立成为日本近代职业技术学校教育的发端。

美国以纯粹的职业技术教育为目的的技术教育运动，是在公布马萨诸塞州工业和技术教育委员会的报告书，并组成全国工业教育促进会之后，即 1906 年以后才开始的。相对于上述其他国家来说，美国近代职业技术学校教育出现时间要稍晚些。

（二）职业技术学校教育的代表人物及主要观点

1. 比彻和莱布尼茨

17 世纪末，德国兴起了一种职业技术教育理论，其代表人物是比彻（J J Becher，1635—1682）、莱布尼茨（G Leibniz，1646—1716）等。他们严厉抨击从前的古典主义教育，极力提倡对青少年进行职业技术教育，以达到振兴产业、富国强民的目的。他们主张建立以传授手工业技艺为目的的中等学校，以此作为实现自己论点的方案。

比彻在他所著的《教学法论》（1674）一书中，主张以拉丁语学校取代文法学校，并在此基础上建立“机械技术学校”。其教学内容包括制图、浮雕工艺、手工业入门、圆规的用法、刀刻、测绘、建筑等科目。莱布尼茨主张建立手工业学校，其对象是 12~18 岁的青少年，旨在教授他们有关材料、机械、操作规程、商品价格等方面的知识，并传授手工业技能。

2. 凯兴斯泰纳

凯兴斯泰纳（G Kerschensteiner，1854—1932）是德国著名教育家。他是劳动教育理论的代表人物。1905 年，他在题为《小学的改造》的演讲中，使用了“劳动学校（Arbeitsschule）”一词，与“书本学校”相对立。1908 年，在瑞士苏黎世举行的裴斯泰洛齐诞辰 160 周年纪念大会上，他又在演讲中指出：“将来的学校应该是劳动学校。”人们一般认为，这是“劳动学校运动”开始的标志。

1912 年，凯兴斯泰纳又撰写了《劳动学校的概念》一书，比较系统地阐述了他的劳动教育理论。他认为，公立学校有两个主要任务，一是性格训练，二是职业训练。因此，他主张必须把公立学校办成“劳动学校”。他认为劳动学校的主要任务是：第一，进行职业技术教育；第二，从道德教育角度进行职业教育；第三，使职业社会道德化。实现这些任务的具体方法就是让学生进行共同的劳动作业，通过劳动作业提升学生的职业技能，培养学生为国家服务的精神，使其成为具有独立精神、和谐发展和行动自由的人。

3. 杜威

杜威（John Dewey，1859—1952）是美国著名哲学家、教育家。1916 年，杜威在其代表作《民主主义与教育》一书中，专列“教育的职业方面”一章，系统地阐述了他的职业技术教育观点。

杜威认为，职业技术教育运动的重要意义在于改革传统的读书学校，利用工业的各种因素使学校生活更有生气，更富有现实意义，与校外经验有更密切的联系。当代生活中的经济因素日益重要，更有必要使教育揭示职业的科学内容和社会价值。也就是说，由于经济和科学技术的发展，职业技术教育引入学校乃是大势所趋。他反对职业技术教育过早地专业化，反对纯粹出于“经济目的”和“实用利益”而进行的职业技术教育。杜威反对“设置特别的学校”来实施职业技术教育，认为这样有可能永远延续阶级划分的传统。

杜威认为任何知识都包含行动的因素。没有行动就不会有知识；反过来，知识因为能指引行动而具有实用价值。杜威注重活动课程，倡导“学中做，做中学”，使学校成为儿童成长的地方，而不是学习课本的地方。杜威主张职业技术教育应力求促进个人的发展，职业技术教育与普通教育相结合。

4. 福斯特

福斯特（P J Foster）是美国芝加哥大学教育学、社会学教授，当今国际职业技术教育理论界有影响的学者之一。福斯特于1965年发表《发展规划中的职业学校谬误》，提出的主要观点包括：职业技术教育必须以劳动力就业市场的需求为出发点；技术浪费应成为职业技术教育评估中的重要内容；职业化的学校课程既不能决定学生的职业志愿，也不能解决其失业问题；基于简单预测的“人力规划”不能成为职业技术教育发展依据。

思考题

1. 怎样理解学徒制形式的职业技术教育?
2. 学校形式的职业技术教育是如何产生的?
3. 简述职业技术学校教育的代表人物及其主要观点。

本章主要参考文献

[1] 顾明远. 教育大辞典 [M]. 上海：上海教育出版社，1990.

[2] 高增德. 晋商巨擘：晋商·常氏文化学术研讨会论文集 [G]. 太原：山西经济出版社，2005.

[3] 王金波. 职业技术教育学导论 [M]. 哈尔滨：黑龙江教育出版社，1989.

第3章

科学技术、经济与职业技术教育

第 1 节
科学技术与职业技术教育

一、科学技术的内涵界定

科学（science）与技术（technology）对于职业技术教育来说非常重要。“科学技术”一词是反映科学和技术一体化的联用术语，简称“科技”。18 世纪开始的第一次工业革命之前，科学和技术是两个不同的范畴，在生产实践活动的基础上，随着劳动分工的发展，各自循着不同的途径独立发展。

第一次工业革命之后，现代科学与技术呈现相互依赖、相互促进的发展趋势，即科学的发展日益依赖现代技术的发展，技术的发展也日益以现代科学的发展为基础，两者日益一体化。与此同时，在两者之间出现了新的一个领域，即工程领域。

现在，我国常把科学和技术统称为“科学技术”。如果从其概念内涵和外延来看，科学与技术两者之间还是存在着很大差异。

（一）科学的内涵

科学是把探索客观世界的活动通过逻辑形式表达出来的知识体系。它虽然不是生产力的实体性要素，但是它渗透到生产力的各个要素中，通过劳动者这个中介可以物化为现实的生产力。科学通过扩大劳动对象的种类、性能和途径，能使劳动对象从生产范围和规模的限制者，逐渐转化为新的生产领域的开拓者。

《教育大辞典》中对“科学”一词的界定是：描述、解释和预言现实世界的过程和现象，揭示客观世界规律的理论表述。从结构上来说，总体上科学体系可相对分为两大分支：自然科学与社会科学。

科学的实质是对客观世界、现象与规律进行总结与揭示，并使之系统化。科学追求普遍化，高度概括的客观知识以“概念思维”为特征。现代意义上的科学是16—17世纪由于资本主义生产发展的需要而开始形成的，经历了由分析到综合的过程。

20世纪以来，科学所具有的特点体现为：与技术之间有着十分紧密的联系；越来越深刻地被转化为直接的社会生产力；与社会生活各领域的关系日益扩大与加深，社会作用日益得到增强。

（二）技术的内涵

《教育大辞典》中对“技术”一词的界定是：为实现生产过程和非生产性需求所必需的经验、方法和手段的总和。

技术可全部或部分地代替人的生产职能，减轻人的劳动强度，提高生产率。技术也指某个行业或艺术领域里所采用的技能和方法。

直至欧洲启蒙运动时期，技术常与艺术、技艺等某种特殊能力相等同地理解，持续了很长时间。进入近代社会，由于生产的发展，技术越来越成为一种飞速发展的、独立的、复杂的社会现象。

广义上，技术存在于全部人类活动之中，作为中介而使社会生活的各个领域联成一个整体。技术是人们根据对客观世界的已有认识，为实现社会生活需要而产生的有某种特定目的、在改造和控制客观世界的过程中所创造的手段和方法的总和。它可分为生产技术（包括各种机械和工艺过程）和非生产技术（包括市政、科研、文化、教育、医学等）。

狭义上，技术主要是指生产技术，限定在人与自然界关系的物质生产（工程）范围之内，是人类在劳动过程中对自然规律的符合目的的利用。技术原先专指某种可以研习的工艺方法或生产技能。文艺复兴前是技术与科学相分离的经验技术（工匠技术）阶段；文艺复兴以后至18世纪工业革命前是技术依赖于科学解决难题的阶段；18世纪中叶至19世纪中叶的工业革命时期是用科学重新表述技术原理、用科学原理改造产业技术的技术科学阶段。

20世纪以来，由于自然科学日益广泛地应用于工艺方法中，技术劳动才成为有理论指导的实践活动。也可以说，它是一种按照人的意志和目的，借助于一定的工具、资料、设备等，依据一定的工艺知识和方法所进行的改造自然和社会的活动。技术与科学有着密切的关系，技术的发展呈现科学化的趋势。技术的理论化程度在得到提升，体现为技术所涵盖的特征。

在一定社会里，总是以某阶段技术为主，各个阶段的技术并存，组成一定的技术体系，制约并推动着社会的发展，而各种社会因素也制约、推动着技术的进步。在此前提下，一定社会的技术体系制约着技术教育的发展。

（三）科学与技术两者间的关系

通过表 3–1 可以看到，科学与技术两者在本质特征、适用范围、表述形式，以及所对应的人才类型上都有着显著的差异。科学揭示的客观存在和现实世界，研究人员可以通过各种探索与研究活动去发现。而技术则是劳动者在生产实践活动中对科学原理或规律的具体应用，进行相应的技术发明或创新制作。

表 3–1　　科学与技术的差异

项目	科学	技术
本质特征	回答为什么	回答怎么做
适用范围	通用（普遍）规律	适用于特定具体环境
表述形式	原理、定理、公式等	复杂信息的综合
人才类型	科学家	技术技能型人才

从学科的角度来看，对科学这个大学科本身进行研究分析，可以用“科学学”这一概念来加以涵盖。科学学主要指自然科学，广义上包括基础科学、技术科学和工程科学。科学学的产生起源于对自然科学的社会性研究，科学学的发展表现为对自然科学与社会关系研究的发展。

近年来，虽有人提出把作为科学学研究对象的科学，扩大为包括所有科学直至哲学在内的设想，也有人开始了针对如社会科学学、哲学学方面的研究，但迄今为止，多数人认为科学学的研究对象是以自然科学为主的。

广义上，技术学是指关于技术及其发展的普遍规律的学问，不仅从社会科学的角度，而且从哲学的角度来研究技术，建立系统化、理论化的技术观，是哲学的一个分支或哲学的应用分支，因而又称“技术哲学”。狭义上，技术学是指仅从社会科学的角度探索技术及其在社会中的发展规律，是社会科学的分支，又称“技术社会学”。

技巧（technique）又称“熟练技术”，是经反复练习成为自动化的操作技能，是一种达到迅速、精确、自如运用的技能。其完成几乎不需要意识参加，人对动作的知觉控制减弱，对活动的整体控制加强，形成的生理基础是：大脑皮层建立巩固的自动化暂时联系系统，即动力定型。

技能是主体在已有知识经验的基础上，经练习形成的执行某种任务的活动方式。它由一系列连续性动作或内部语言构成。具有初步知识，经过一定的模仿和练习即可获得的是初级水平技能；在丰富的经验和知识基础上，经过反复练习，基本动作达到自动化水平的是技巧。技能按其性质与特点，分智力技能和操作技能两类。智力技能指在头脑中对事物分析、综合、抽象、概括等的智力活动，如构思、心算。操作技能指由大脑控制机体运动完成的活动，如书写、舞蹈。

二、技术、劳动组织与职业技术教育

企业与劳动组织的发展和竞争水平的提升越来越依赖于技术进步及其应用，同时更需要高素质的劳动者。我们都知道，“科学技术是生产力”，而且“科学技术是第一生产力”。但是，科学技术本身只是潜在的生产力，不能直接成为生产力，必须通过劳动者这个中介进行转化才能成为现实的生产力。

生产力通常由劳动者、生产工具和生产资料三者构成。其中，生产工具是生产力发展水平的最重要标志。而富含技术要素的生产工具需要借助劳动者的操作使用来实现其价值和作用。从这个意义上来看，尤其要提高一线劳动者的劳动技能水平和职业素养，才能更高效地使用劳动工具，以便于更好地促进科技转化为现实生产力。劳动者技能水平和职业素养的提升离不开教育，特别是职业技术教育这个关键手段。

当今社会，伴随科技的发展，企业间的产品竞争一方面取决于其所拥有的技术水平与技术含量，这就要求企业组织不断加强技术与产品的研究开发。另一方面也取决于应用与操作这一技术的劳动者素质与水平。通过图 3–1 可知，与过去相比，职业岗位内容与职责不断发生变化，对职业岗位的要求越来越高，因而带来了职业的新发展与调整。从这种意义上来说，通过职业技术教育来培养高素质劳动者是企业岗位劳动质量和效率提高的重要保障。

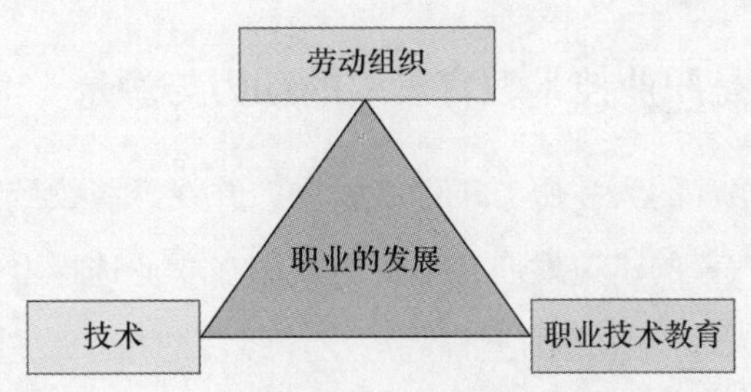

图 3-1　技术、劳动组织与职业技术教育三者关系

第 2 节
经济与职业技术教育

一、经济对职业技术教育发展的影响

职业技术教育的发展受经济发展制约。经济发展对职业技术教育的制约不仅表现在职业技术教育发展的速度和规模上，还表现为产业和就业结构决定职业技术教育的专业结构，技术层次结构决定职业技术教育的办学层次结构，经济体制决定职业技术教育的体制（黄信、任碧凤，2008）。经济是职业技术教育的基础，也是职业技术教育的服务对象。因此，职业技术教育的发展受制于经济的发展。具体来讲，主要反映在以下五个方面。

（一）经济发展是职业技术教育发展的动力与源泉

职业技术教育所培养的人才服务于经济发展，并在经济领域找到合适的职业岗位。经济社会的多元化和教育的迅速发展，不仅为人们在职业选择上提供了很大的自由度，而且也使用人单位在人才选择范围上日趋广泛。经济总量中，过去以第一产业、第二产业为主，目前发展到以服务业为主导的第三产业所占比重最大。目前，职业领域的稳定性降低，岗位的就业周期相对缩短，职业变迁也在加速。这使人们无论在主观上还是在客观上都有可能在一生中从事不同类型的职业。在这种情况下，受教育者只单纯地掌握一种或者几种职业技能是远远不够的，终身学习的理念深入人心。这些都在客观上促进人们更加主动地接受相应层次的职业技术教育。

如果职业院校所培养的学生不能满足经济发展和行业企业所需，并难以胜任与适应职业岗位要求，那么职业院校的办学水平与人才培养质量就会受到社会和家长的质疑，学校的招生与后续发展就会大受影响。因此，职业院校在注重人的全面教育发展理念的同时，必须以经济发展与企业实际所需为内在动力，实施“以职业领域与企业就业岗位为导向”的办学策略。

（二）经济发展为职业技术教育发展提供物质基础保障

职业技术教育各项保障条件的落实是以资金投入为前提的，没有经济条件作为物质后盾，职业技术教育的发展速度就无从谈起。只有在各项条件都落实到位的情况下，才能保证教学活动的正常运行，进而进入发展的快车道。

无论是职业技术教育规模的扩大，还是职业技术教育发展速度的加快，都必须有一定的人力、物力与财力投入。这些投入或来自办学收费，或来自政府的财政拨付，甚至来自企业的投资和社会的捐赠。这些投入无一不与国家的经济发展水平和富裕程度有关。大量事实表明，经济发展水平高的国家对职业技术教育的投资明显多于经济发展水平低的国家（闫伟，2008）。

21 世纪，中国 GDP（国内生产总值）已跃居世界第二位，教育投入占 GDP 比例持续增长。国务院多次召开全国职业技术教育工作会议，大力推进职业技术教育发展，并提出逐步增加公共财政对职业技术教育的投入。

因此，一个国家的经济发展状况，尤其是财政状况对职业技术教育的发展有着较大影响。社会经济发展状况不好，社会对职业技术教育投入不足或无力投入时，就必然会导致师资来源困难、设备紧缺等现象，从而影响职业技术教育的教学质量。而职业技术教育教学质量的下降，又会导致所培养劳动力素质的下降。这势必反过来影响社会经济的发展，最终就会造成两者的恶性循环。

（三）经济发展影响职业技术教育发展规模与质量

社会经济的发展水平直接制约着一个国家或地区的职业技术教育规模与质量。社会经济发展水平高，社会能提供的就业机会就多，需接受职业技术教育的学生就会相应地增加。社会能否给接受职业技术教育者提供就业机会，是职业技术教育能否发展的基本前提。职业技术教育主要服务于地方经济发展，与它所在区域经济发展的关系十分密切。一个地区的职业院校数量与办学规模，很大程度上是由该地区当前经济状况和未来发展趋势对于职业技术人才的内在需求所决定的。

职业技术教育质量取决于所在区域的经济整体发展水平。职业技术教育作为一种有专业指向的教育活动，其本质是教育人、培养人的过程。这一实践活动的最终结果主要体现在质量与效益上。职业技术教育的质量主要包括办学质量、教学质量、学生质量等，即职业技术教育对社会经济发展的适应程度（杜峰，2010）。职业院校的建设与发展，需要有充足的生源、合格的师资队伍、必要的教学设施等良好的办学条件。而这些教学资源的落实取决于充分的教育经费保障。经济发展水平滞后的地区，通常不太容易保证教师足够的工资待遇，进而影响教师工作的积极性，也会进一步影响办学水平的提升。同时，经费的不足还会造成职业院校难以获得充足的教学器材和实验实训设备，直接影响学生实践环节的有效落实。所以，区域经济的实力对当地的职业技术教育质量有着很大的制约作用。

（四）经济发展决定职业技术教育的结构

作为与社会经济发展联系最为密切的教育类型，职业技术教育必须深入认识和准确把握经济发展的现状及其态势，了解经济发展对劳动力的需求，及时跟踪产业结构和职业结构的变化。职业技术教育的发展历程说明，每一次社会新经济的大发展，都必然带来职业技术教育的改革，使职业技术教育的教学内容、教学方法、教学模式等产生变化。同时，职业技术教育只有更好地服务于社会经济，才能有广阔的发展空间。这也是职业技术教育的发展点和落脚点。

我国从过去的计划经济体制全面转向社会主义市场经济体制，极大地影响着科技体制和教育体制的变革。在社会主义市场经济体制中，市场成为配置人力资源的决定因素。这就要求职业技术教育为劳动力市场提供合理的职业技术人力资源。我国要实现现代化发展战略目标，通过产业结构调整和技术结构优化升级，逐步实现经济增长方式由粗放型、高耗能、高污染向集约型、资源节约、环境友好、高新技术支撑转型。

随着产业结构的变化，我国第一和第二产业从业人员的比例逐步下降，第三产业从业人员的比例逐步提高。从业结构逐步优化和技术结构逐渐升级，各个行业人才结构重心呈上移趋势。伴随社会分工不断细化，职业技术教育不可能为每一种职业培养人才，应根据产业结构的调整、就业结构的变化、技术结构的要求建立与之适应的层次结构，满足生产、建设、管理、服务第一线各类应用型人才的需求。

因此，职业技术教育在培养人才时，通常首先把工作要求相近的职业归类，然后通过一定的专业计划或弹性较大的课程计划实现对人的培养。这样就形成了职业技术教育的专业结构，对职业技术教育师资培养、设备配置、课程开发、教材建设都有很大的影响。

显然，职业技术教育的专业结构受社会生产的分工状况和社会职业结构制约。由于社会生产的分工状况处于不断变化之中，职业技术教育的专业结构也需要不断调整。例如，在农业占较大比例的地区，劳动力的类型必然会以农民居多；在矿产资源丰富的地区，劳动力的类型必然以采矿、冶炼工人居多。职业技术教育要依据本地区产业结构的现状，突出优势专业（刘志国，2011）。考虑到区域产业结构并非固定不变，还要弄清区域产业结构今后调整和变化的基本走向，推测社会劳动力需求结构的变化趋势，才能和区域经济发展的步调相协调。

职业技术教育一般有初、中、高三个层次，社会各就业层次中应接受职业技术教育的劳动力数量制约着职业技术教育的层次结构。就总的趋势而言，社会生产对劳动力的需求总是逐级上升的，半熟练工、熟练工的需求比例逐步下降，技术工人、技术员和工程师等智能型劳动力的需求比例逐步上升。由于社会生产由劳动密集型向技术密集型转变是工业化的必然要求，职业技术教育培养层次逐步提高也是适应技术结构升级的必然要求。世界经济发展情况表明，人才从劳动密集型产业流向资本密集型产业和技术密集型产业，与人才从第一产业流向第二、第三产业保持同步的趋势。这就需要有与之相配套的教育结构体系、教育类型以培养不同层次、不同类型的技术人才。

如图 3–2 所示，企业所需人才也从过去的劳动密集型转向资本密集型与技术密集型，简单重复劳动的一线劳动者需求数在迅速减少，取而代之的是需要更多拥有综合职业能力的劳动者。企业内部的初级、中级和高级人才构成越来越多地从传统的金字塔型向橄榄型转变。

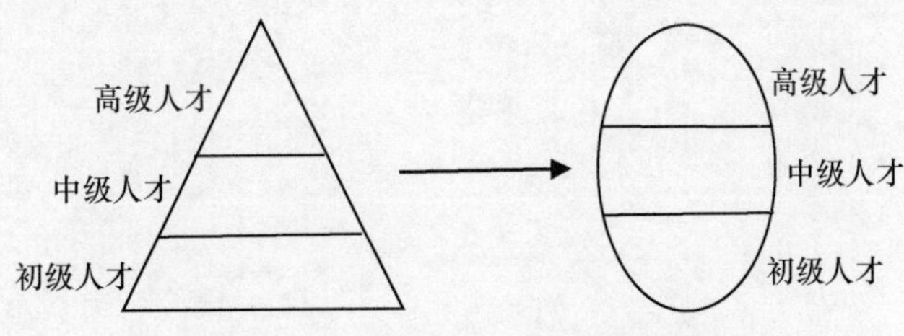

图 3-2　企业内部人才层次结构变化

职业技术教育培养劳动力有较长的周期。这一周期导致职业技术教育产生了滞后现象，因此要求确定职业技术教育在各产业中的配置时，对未来数年内劳动力的需求进行预测。职业技术教育内部各种专业、系科设置的比例关系等，都必须与一定社会的生产力发展水平和在此基础上形成的社会经济、产业结构相适应（闫伟，2008）。否则，职业技术教育将无法满足经济发展对所需人才的要求，可能导致职业技术教育体系内部的比例失调，阻碍社会生产力的发展，甚至可能因为人才培养的结构不合理或相对过剩，造成职业技术教育毕业生的结构性失业。

作为发展中国家，我国正处于工业化进程中的知识经济时代。知识经济的崛起必将引起产业结构和就业结构的转变，进而对劳动力提出新的要求，使职业技术教育面临诸多严峻的挑战。其挑战主要体现在：劳动者不断提升技能和技能需求频繁转换对供应驱动的职业技术教育发展模式的挑战；以多种职业技能为核心的劳动者综合素质要求对传统职业技术教育人才培养模式的挑战；工作本位学习和非正式学习等需求对职业技术教育体系中企业职业技术培训薄弱现状的挑战；持续的终身学习需求对以开展职前学历教育为主要功能的学校形态职业技术教育的挑战。

（五）经济运行体制决定职业技术教育办学体制

目前，我国处于社会主义初级阶段，实行以公有制为主体、多种所有制经济共同发展的经济制度。这就决定了我国的职业技术教育要打破国家包揽办学的体制，逐步形成以政府办学为主体、社会各界共同参与、公办学校和民办学校共同发展的多元化办学体制。

我国在市场经济体制下，劳动力市场的建立和完善改变了职业技术教育原先的运作方式。职业院校招生的指令性计划逐步减少，指导性计划不断增多，计划外招生的比例也有所增加。毕业生就业几乎已没有指令性计划，由劳动力市场配置，实行双向选择、自主择业、择优录用。招生和毕业生就业制度的这一根本性变革，带动了职业技术教育的全面改革，同时也给职业院校带来了更多的办学自主权。

二、职业技术教育对经济发展的促进作用

一方面，职业技术教育的各方面发展受制于经济基础与发展水平；另一方面，职业技术教育也是经济发展的重要支撑之一。在职业技术教育适应经济发展的前提下，它会对经济发展起到非常积极的推动与促进作用，具体体现在以下三个方面。

（一）职业技术教育为经济发展培养所需人才

从世界经济发展趋势来看，以人力资本为基础的科学技术竞争将逐步代替传统物力资本的竞争，而人力资本形成的基础是教育。任何高新技术在转化成现实生产力时，不仅需要优秀的科学家、企业家，还需要大量掌握这种技术的高级应用型人才。职业技术教育的主要任务是为地方经济建设和社会发展需要培养大批应用型人才。因此，在经济发展过程中，职业技术教育承担了为地区经济培养技术技能型人才的重要责任，为所在地区的经济生产、建设、管理与服务培养一线实用人才。

职业技术教育根据经济社会发展的需要和人的身心发展规律，向受教育者传授科学文化知识、训练技术应用能力、培养良好的职业道德，使受教育者成为经济建设必需的各类专门应用型人才。

高级工、技师和高级技师等高技能人才的短缺已经成为制约我国企业和经济发展的瓶颈。据统计，我国现阶段高级技师、技师的供需比相差了 10 个百分点。这 10 个百分点意味着有 800 多万人的数字差距。例如，有“皮衣之都”之称的浙江海宁拥有日产 6 万件皮衣的生产能力，由于高技能人才短缺而不得不忍痛放弃部分订单，每天至少流失 100 万美元的订单。

同时，产业工人的素质直接影响产品的质量、事故发生率和科技成果转化率。与高技能人才短缺相对应的是，21 世纪初我国企业产品平均合格率只有 70%，不良产品

造成的损失每年近 2000 亿元。从表面上看，“技工荒”的出现是国际产业转移和我国产业结构不断升级换代带来技能型人才严重供不应求造成的，但其背后却暴露出教育的严重失衡和职业技术教育的严重不足。高技能人才短缺主要是因为职业技术教育没有跟上经济发展的速度，没有形成多元化的人才培养模式。要想解决这种结构性矛盾，急需发展我国的职业技术教育（张佑林，2007）。因此，职业技术教育绝非简单是教育组成部分的问题，而是关系到我国产业发展后继实力建设和国家综合实力提升的重要影响因素。

从规模与数量上来看，我国已逐渐成为世界最大的制造工厂。相对来说，还拥有世界上最全的产业体系。但从高附加值和技术含量上来讲，我国还不是真正意义上全面的工业强国或制造业强国。与发达国家相比，我国的高技能人才数量还有很大差距，我国的职业技术教育还存在很大不足，仍需要有更大力度的发展。

（二）职业技术教育是加快生产技术更新的重要途径

古代社会生产中的手工技术改良或革新，主要依靠劳动者生产经验的积累与长时间摸索。而近代社会以来，因科技革命带来的影响，物质基础日益丰富，劳动条件不断改善，不论数量、规模上，还是难度上，技术研究与发明创造得到越来越多、越来越广泛的开展。这些技术发明与创新成果的应用与推广，都离不开一个居于中介位置的“桥梁”或“纽带”，那就是职业技术教育培养的技术技能型人才。

作为知识形态的、潜在的生产力的科学技术，只有通过教育才能实现再生产。职业技术教育的特点是发展职业化功能，它将个体由自然人培养为职业人，使他们掌握科学技术，学会运用科学技术，把潜在的劳动力转化为现实的劳动力。因此，职业技术教育的过程，从某种意义上来说，就是把某种可能的、潜在的生产力转化为直接或现实的生产力的过程。只有通过职业技术教育培养掌握相应专业知识与技能的劳动者，科技发明与创造的成果才能真正转化为现实的生产力。

职业技术教育机构，特别是高等职业技术院校，拥有一批工程技术人才和较为先进的实验设备，是一个能参与技术创新、技术交流与技术转化的场所。一方面，它可以把自己的科研成果、发明创造、先进工艺、先进技术通过市场转化为生产力，推动区域经济的发展；另一方面，还可以根据区域经济发展的科技需要来调整自己的科研方向和计划，使之更符合区域经济发展的需要。例如，接受企业的委托或者主动地与企业工程技术人员进行合作，对企业生产经营中遇到的难题开展研究，为企业解决工程技术或工艺流程方面的问题，使之更加满足区域经济和社会发展的需要，以产生更大的经济效益和社会效益。

职业技术教育使少数人所掌握的科学技术为更多的人所掌握，从而扩大其传播的范围，并且缩短再生产所必需的劳动时间，从而促进区域经济的健康发展。

（三）职业技术教育能优化劳动力的配置

职业技术教育不仅具有培养人才的功能，还具有合理选拔人才、分配人才的功能，能将不同能力、职业倾向和学业成就的人导向合适的职业岗位，使其个性特征、自身努力程度与社会需要相结合，充分发挥人的潜能，从而提高劳动力的配置效益。同时，区域经济的发展客观上要求区域产业结构的进一步合理化，而产业结构的调整必然引起结构性的劳动力流动，大批劳动者要从第一产业转向第二、第三产业。职业技术教育就是通过优化劳动力的配置，促进区域产业结构优化的重要途径。

从国情来看，我国是一个农业大国，职业技术教育与“三农”问题息息相关。职业技术教育可以促进区域内传统农业的较快改造，通过大范围地培养农村实用型和技能型人才，提升农民的综合素质和科学文化水平，继而改造传统农业生产模式，普及农业先进技术，提高农业劳动生产率和生产附加值，发展本地特色农业和关联产业。

另外，大力发展职业技术教育，还可以提升农村劳动力综合素质和文化水平，使农村劳动力拥有一技之长，促进农村剩余劳动力逐渐从第一产业向第二和第三产业迁移，从而缩小城乡间经济收入差异，逐步消除我国二元经济特征，从根本上实现城乡协调发展。

职业技术教育不仅能促进区域间与产业间的劳动力流动，还能在劳动力供给与需求之间起到蓄水池的作用。经济发展往往呈现一定的周期性，对劳动力的需求也是波动不定的。在经济发展缓慢，对劳动力需求减缩时，通过职业技术教育对劳动力进行培训，可以暂时将劳动力储存起来，提高劳动力的素质，减轻劳动力过剩对社会发展产生的压力，调节劳动力与经济发展之间的供求矛盾。而在经济发展加速，对劳动力需求增长时，将储存的劳动力注入社会生产领域，可以满足社会生产对劳动力的需求。职业技术教育能起到劳动力储存器的功能，可以有效减轻社会就业的压力，并间接促进社会经济发展。

三、职业技术教育与经济发展互动关系的研究成果

国外学者对人力资本的研究由来已久，在古典经济学领域，亚当·斯密（Adam Smith）的《国民财富的性质和原因的研究》不仅初步提出了人力资本概念，而且探讨了人力资本和教育培训的投资回报问题。李斯特（List）和马克思（Marx）也分别在他们的著作《政治经济学的国民体系》和《资本论》中多次对人力资本有过精彩论述。1960 年，舒尔茨（Schultz）在美国经济学年会上发表题为《论人力资本投资》的演说，系统深刻地论述了人力资本理论，开创了人力资本研究的新领域。

在舒尔茨后，教育对经济增长贡献的理论研究呈现多样性。一方面，以加里·贝克（Gary Baker）和丹尼森（Dennison）为代表的学者沿着舒尔茨的人力资本理论进行思考。另一方面，一些学者将信息经济学和国际贸易理论的一些见解用于教育对经济增长贡献的研究。

许多国外学者就职业技术教育对于经济发展的作用专门进行了研究，涉及内容从定义、分类、特征和功能到实践模式、开发机制、发展路径等方面。研究发现，职业技术教育有可能提升其他生产要素的生产率，从而提高个人收入和推动经济增长。

改革开放后，我国不少学者开展了现代人力资本理论研究，其中厉以宁教授强调“智力投资的生产性问题”，在我国最早提出了“教育的社会经济功能”“能力工资”等概念。此后，我国很多学者应用人力资本理论对教育对经济增长的贡献做了研究，他们不但肯定了教育对经济增长的显著促进作用，还测算了我国教育对经济增长率的贡献，但得出的结论差别较大。

思考题

1. 如何正确理解科学与技术两者的内涵及相互关系？
2. 技术、劳动组织与职业技术教育三者的关系是什么？
3. 经济发展对职业技术教育产生哪些影响？
4. 职业技术教育是如何促进经济发展的？

本章主要参考文献

[1] 黄信，任碧凤．论职业教育与经济发展的关系 [J]. 科技资讯，2008(31)：210-211.

[2] 闫伟．职业教育与经济发展的关系 [J]．继续教育研究，2008（9）：41-43.

[3] 杜峰．职业教育与区域经济发展的互动机理研究 [J]．当代经济，2010（16）：99-102.

[4] 刘志国．浅谈区域经济与职业教育互动关系 [J]．中国证券期货，2011（10）：232-233.

[5] 张佑林．职业教育：推动中国经济和社会发展的新引擎 [J]．职业技术教育，2007，28（25）：10-11.

[6] 舒尔茨．论人力资本投资 [M]．北京：北京经济学院出版社，1990.

[7] 厉以宁．教育经济学 [M]．北京：北京出版社，1998.

第4章 职业技术教育与其他系统

职业技术教育本身就是一种社会文化现象，包含在文化（culture）这个系统之中。一个国家或民族的传统文化特征必然以潜在的方式影响着职业技术教育的发展。职业技术教育领域的方方面面都受特定社会文化的影响。职业技术教育理念、职业学校教育培养目标的设定、职业技术教育内容的选择、教育方式及手段、教育管理体制、教育评价、师生的关系等各个方面，都从特定的文化中吸取着养分和精髓（徐英俊，2008）。从文化角度来看，职业技术教育是直接受制于文化的。

一、文化与职业技术教育

（一）文化的内涵

1. 文化现象

文化与人类密切相关，文化现象涉及人类言行举止等方方面面。例如，吃东西不能算文化，而如何吃东西或用中国烹调法来烧菜，或用西洋方法来做菜，就是文化。

2. 文化的本质

从本质上来看，文化是人类所特有的现象。文化是人区别于动物的根本标志。人是文化的动物。从猿到人的转变，人之所以成为人，就是通过文化的创造和积累而达到的。

3. 文化的定义

文化有很多不同的理解，以下为几种典型的定义。例如，文化是人类为使土地肥沃、种植树木和栽培植物所采取的耕耘和改良措施；文化是人类在自身的历史经验中创造的“包罗万象的复合体”；文化是一种社会遗产；文化既是人类的创作产物，又是制约人类活动的重要因素；文化通过符号学习和传授，文化的基本内核来自传统，其中以价值观最为重要。

本书采用下面这个定义，即文化是人类在社会历史实践过程中所创造的物质财富和精神财富的总和。

文化是一个有机系统，物质文化和精神文化是统一的整体，其基础是社会生产的发展。文化是社会现象，具有历史连续性。每一个社会都有与其相适应的文化，并随着社会生产的发展而发展。文化还具有民族性，每个民族文化都有其特定的内涵。

（二）文化影响职业技术教育

一方面，文化对职业技术教育产生决定性的影响；另一方面，职业技术教育通过对内容、课程、教材、教法等的选择与整理，对人类已经创造的文化产生积极推动作用，即表现为具有选择、整合、传递、积累与保存文化的功能。在吸收、融合、传播本国和世界先进文化的同时，职业院校的各种教学实践活动也在不断地创新、充实和发展文化，以确保人类文化的不断发展和延续。

1. 文化内容对职业技术教育内容起着决定作用

文化内容非常丰富，不仅包含意识形态范畴，如信仰习俗、生活方式、道德观念等，还包含非意识形态范畴，如语言文学、科学技术等。职业技术教育传递的知识、科学技术、价值观等，都是文化的一部分。科学技术知识是职业技术教育内容的重要方面。科学技术既可物化在生产工具、劳动对象上，又以语言、文字、信息等形态出现。技术变革意味着文化进步，同时也要求职业技术教育课程内容更新。

2. 文化价值观直接影响职业技术教育价值观

古代社会，在正规教育出现之前，科技教育是无序的，处于自然状态，主要是生存技能学习和对外部自然界的探索与适应。燧人氏教民用火，吃熟食以增强体质；神农氏尝百草，识药性，教民医药；有巢氏教民架屋，建造住所；后稷教民稼穑，种植五谷。

文化由注重自然逐渐转到注重人类社会和人类本身，由渔猎、采集、种植转向自然科学，再转到社会科学（哲学、思想、教育）。

古代，“学而优则仕”，重德轻技、崇道轻艺，劳心者治人，劳力者治于人。“万般皆下品，唯有读书高”“读书做官，光宗耀祖”是一种高尚和光荣的行为；而热心技艺，从事体力劳动，则是卑贱的、不登大雅之堂的小人之事，“巫医乐师百工之流，君子不齿”。

不同的社会政治制度，不同的文化背景，人们对职业技术教育的价值认识是不同的。在工业革命以前的农业社会中，封建等级制和宗法制是社会文化的基础，每个人的个体价值都是由其在社会中所处的特定阶层所决定的，社会职业有高低贵贱之分。在这种社会制度的文化背景下，教育的价值取向主要是求取功名，以改变个人的社会地位和身份，而不是赋予学习者以谋生的技能。当时，人们还没有意识到职业技术教育的价值，职业技术教育则停滞在师带徒、父传子的原始状态。

工业革命以后，在自由、平等、民主思想的影响下，文化对个体自身在职业活动中的价值予以肯定，个体能在职业岗位上发展个性、实现自我价值，并得到社会的认可。人们也开始意识到实用技术的价值。在实用主义教育思想的号召下，教育与生活相结合，教育与生产相结合，教育的价值取向由培养沉思多识者向培养能解决生产实际问题者转变。

进入 21 世纪以来，伴随着高新技术产业的发展，新的职业不断出现，职业技术教育的价值更体现在加快科技转化为现实生产力上。不同国家都开始重视职业技术教育的价值，关注其发展。

3. 教育家观点影响职业技术教育办学

我国春秋战国时期的墨子主张亲历生产、合理分工，并总结出我国最早的关于职业技术教育方面的看法或观点。墨子主张“兼相爱，交相利”，承认社会上每一个人为生存需要，其行为必然带有功利目的，因此从“兴天下之大利”出发，出于维护社会稳定和人民生存的目的，要对“农与工肆之人”传授生产技能，增强民众的生存能力，强调不劳动者不得食，“赖其力者生，不赖其力者不生”。

在墨子看来，劳动技能本身无贵贱，主张人尽其才，合理分工，以争取获得最大化的社会效益。在《耕柱》中，他更详细地阐述了自己的职业观点：“譬若筑墙然，能筑者筑，能实壤者实壤，能欣者欣，然后墙成也。为义犹是也，能谈辩者谈辩，能说书者说书，能从事者从事，然后义事成也。”大意是将每个人都安置到适合他的岗位工作，这样做不仅能够使每个人各尽所能，而且可以使组织团队实现效能最大化。

墨子特别注重让学生参加生产劳动，从实践中总结经验，学习经验，掌握技能。《墨子·辞过》曰：“诲男耕稼树艺，以为民食。”《墨子·节用》曰：“凡天下群百工，轮车鞼匏，陶冶梓匠，使各从事其所能。”墨子自身为人师表，直接从事生产，并且具有很高的技艺，“摩顶放踵利天下”。他的学生大多出身于“农与工肆”，他们同墨子一起学习和劳动，在培养德行的基础上努力掌握劳动技能和生产经验，受到了很好的劳动职业训练，为将来实现墨家的理想打下了基础。在以农业与手工业为代表的古代社会，职业技术教育主要以学徒制形式存在。在以机器大工业生产为代表的近代社会，出现了现代意义上的职业学校教育形式。伴随着电力和电子技术的应用与推广，职业技术教育体系也日益形成并在当今社会得到不断丰富与完善。墨子的上述想法与观点对现代社会的职业技术教育来说仍然是值得研究与借鉴的。

南北朝时期的教育家颜之推著有《颜氏家训》一书。这是一部系统、完整的家庭教育教科书，主要用于教导子孙。其内容反映了他有关职业技术教育方面的思想。关于教育目的，他主张培养“行道以利世”的实用人才。颜之推的这种观点，突破了传统儒家培养比较抽象的君子、圣人的教育目标，而是以各种实用人才的培养作为教育的重要目标。这种关于人才培养目标的观点对我国职业技术教育的发展产生了很大的影响。在教育内容上，为了培养“行道以利世”的实用人才，提倡“实学”的教育内容，要学习本职业的知识与技能。颜之推职业技术教育思想也有着重要的现实指导价值。

清代初期的著名教育家颜元著有《四书正误》《四存编》《习斋记余》等。他在《四存编》中全面地阐述了他的教育思想。关于教育目的，他从“经世致用”的观点出发，主张教育要培养德才兼备、能“为生民办事”的各级官吏和各行各业的专门人才。对于教育方法，他主张因学生之材而施其教，使学生各专其业、各得其用。在教育内容上，他倡导以实学为内容的教育主张。他开创了一代“实学、实习、实用”的经世致用之学。他提出“彼以其虚，我以其实”的原则，突出一个“实”字。这在古代中国教育思想发展史上具有划时代的意义。颜元关于职业技术教育的务实思想集中体现了实践性与实用性的典型特征。

荣庆是清末职业技术教育思想家，1905年任学部尚书。他积极主张教育改革，大力发展各种实业学校，培养大批职业技术人才充实到社会的各种实业中去。他认为，兴办实业学堂“民智可开，国力可富，人才可成”，并提出高、中、低各个层次学校并存，提倡扩大与西方职业技术教育思想的交流与合作，积极引进西方的教育思想、教育内容。交流方式上采取“走出去，请进来”的办法，派出教师、学生到西方考察，请外国教师来华移学。荣庆的教育思想对近代社会洋务运动中开展的实业教育有着很大助推作用。

黄炎培是我国著名的职业技术教育家，主要论著有《学校教育采用实用主义之商権》《中华职业技术教育社宣言》《实施实业教学要览》等。他于 1917 年在上海发起成立我国第一个以提倡、研究、实验和推广职业技术教育为宗旨的教育团体——中华职业教育社。在职业技术教育目的上，他提出："为个人谋生之预备，为个人服务社会之预备，为国家及世界增进生产能力之预备"，做到"使无业者有业，使有业者乐业"。在职业技术教育的办学方针上，他提出办学应遵循社会化（社会需要某种人才，即办某种学校）和科学化（用科学来解决职业技术教育问题）。在职业道德上，他提倡"敬业乐群"。在课程设置上，他认为职业学校的课程设计与课程内容要有先进性。在教学原则上，他主张理论与实际相结合，提出了"手脑并用，做学合一"的教学原则。他认为，职业技术教育应贯彻教育全过程和整个职业生涯。其体系应该是：职业陶冶—职业指导—职业技术教育—职业补习和再补习。黄炎培的职业技术教育思想博大精深，值得我们认真研究，不断从中获得启迪。

美国著名教育家杜威的代表作是《民主主义与教育》。杜威的职业技术教育思想作为其实用主义教育思想体系的重要组成部分，包含着丰富的思想内容，闪耀着反对传统职业技术教育狭隘职业技能训练的色彩，对世界职业技术教育理论与实践产生了深远的影响。杜威对"职业技术教育"的含义进行了独到的阐释，指出由于每个人都要从事一种社会职业，因此所有的教育都具有职业的性质，"职业技术教育"也可称为"教育的职业方面"。

杜威主张职业技术教育课程体系的综合化，即实现普通与职业两类课程的紧密结合。杜威主张职业技术教育的实施必须采取多样化的途径，职业技术学校教学必须采用"主动作业"的方法。杜威的"主动作业"的学习方法实际上是一种组织知识的方法，即通过某种职业（作业）来组织知识进行教学。杜威认为"主动作业"的方式很多，除了采用类型多样的游戏和竞技外，户外短途旅行、园艺、烹饪、缝纫、印刷、书籍装订、纺织、油漆、绘画、唱歌、演剧、讲故事、阅读、书写等也是主动作业的较好形式。"主动作业"实质上是杜威"做中学"的方法论在职业技术教育领域的具体化。

杜威的实用主义教育思想在 20 世纪 20 年代的中国教育领域产生了非常深远的影响，在黄炎培、陶行知等教育家的教育理念与观点中留下了不可磨灭的印记，进而对现代的职业技术教育起着一定的作用。

二、职业技术教育与其他教育

（一）普通教育中的职业技术教育因素

职业技术教育与普通教育是两种不同的教育类型，两者关系非常密切，职业技术教育是在普通教育基础上实施的。这里的普通教育主要指的是包括义务教育在内的中小学教育。中小学教育与职业技术教育不是完全分割开的，事实上，中小学教育也需要相应的职业技术教育，需要渗透适当的职业技术教育因素。

1992 年 2 月 29 日国务院批准的《中华人民共和国义务教育法实施细则》第二十三条规定：实施义务教育的学校可根据城乡经济、社会发展和学生自身发展的实际情况，有计划地对学生进行职业指导教育和职业预备教育或者劳动技艺教育。1996 年 9 月 1 日起施行的《中华人民共和国职业教育法》第十六条也明确规定：普通中学可以因地制宜地开设职业教育的课程，或者根据实际需要适当增加职业教育的教学内容。这些规定使在普通教育中引进职业技术教育因素有了法律依据。在普通教育中适当增加职业技术教育的教学内容符合我国的国情，有利于全面推进素质教育，有利于提高全体学生的素质，有利于教育同生产劳动相结合，是深化教育改革的重大举措。

1. 职业技术教育因素的构成内容

（1）职业基本知识

职业基本知识帮助和引导学生了解社会，了解职业和专业，如社会上有哪些职业或就业的渠道，它们的情况、特点、要求、经济收益和发展前途如何等，都是需要普通学校的学生了解的。另外，还有一些有关职业的法律法规和制度等，也是普通教育中进行职业技术教育的重要内容（冯振飞，2000）。

（2）职业观的教育

职业观的教育是职业技术教育的一个根本问题。因为如果没有正确的职业观，也就不能正确地对待职业问题。职业观非常需要在普通教育阶段打好基础。因为有些学生在离开普通学校的时候就面临着实际的职业选择问题，需要有正确的职业观作为认识基础。

（3）职业道德教育

良好的职业道德是实现职业理想的前提。职业道德关系到社会上所有的人，属于社会道德的一部分，具有普遍的社会意义。例如，热爱本职工作、忠于职守、为人民服务、对人民负责、遵纪守法、廉洁奉公、艰苦奋斗、勤俭节约、团结协作、互相帮助、讲究质量、诚实守信等，就是各行各业职业道德的基本要求。因此，很有必要在普通教育阶段，结合学生的社会生活实际，对他们进行职业道德教育，为他们打下良好的职业道德基础。

（4）通用技术

在普通教育中进行职业技术教育，如果只是让学生学习某一种职业技术，那么既不能让学生适应复杂多变的社会变化，也不能为学生打下具有普遍意义的技术基础。因此，使他们学习一些在多种行业乃至日常生活中通用的基本技术十分必要。同时，在不同地区可因地制宜，将当地的一些通用的或有普遍意义的技术作为主要内容。总之，学习通用技术的目的是要为学生打下较宽的技术知识和基本技能的基础，使他们具有技术头脑和动手能力。

（5）职业指导

在普通教育中开展职业指导，是为了帮助和引导学生了解社会，了解职业和专业，了解自己的生理、心理、兴趣、才能、体质等，教育学生正确处理国家、社会需要和个人志愿的关系，增强职业意识、创新精神和对未来职业的适应能力，使学生能够正确地选择符合社会需要及身心特点的职业和专业方向。

2. 实施职业技术教育因素教学的途径

在普通教育中实施职业技术教育因素教学主要有以下几种途径。

（1）开设职业课程

职业课程包括职业知识课和职业技术课。一般来说，小学高年级可以在劳动课和活动课组织学生学习一些职业技术，中学则应该开设一门职业技术课或普遍开设职业技术选修课。

（2）各文化学科渗透职业技术教育因素

各文化学科根据当地生产生活实际，可以渗透职业技术教育因素。这有利于提高教育的整体效应，有利于理论联系实际，把文化学科与职业技术教育结合起来，在职业技术教育中自然也能用到许多文化学科的基础知识。

（3）邀请职业成功人士做报告或座谈

学校要使这种活动成为普通教育中进行职业技术教育的一种方式，列入教学计划，规定举办这种报告或座谈的时间和次数。也可同时邀请多位不同职业的人士到学校，在各个教室分别与学生座谈。

（4）职业实践

职业实践是普通教育中进行职业技术教育的一种基本方式，包括职业体验、劳动过程观察与分析、企业参观、职业能力倾向测试等。职业实践应与职业技术课的教学密切结合，经常进行。

（二）职业技术教育与成人教育

成人教育是指对在家庭、社会和国家中承担责任者，主要是对已经走上生产或工作岗位的从业人员进行的教育活动，是干部教育、职工教育、农民教育、成人社会教育的总称。成人教育包括扫盲教育、岗位培训、继续教育、学历教育、老年教育等。成人教育分初等、中等和高等层次，形式有电大、函大、夜大、自考、职大等。

联合国教科文组织在 1976 年召开的第 19 届教育大会上提出的关于成人教育的建议和 1985 年召开的第四次国际成人教育大会通过的报告认为：成人教育是指整个有组织的教育过程，不论其内容、水平、方法如何，是正规的或非正规的，不论是延续还是取代学校和大学进行的初步教育，以及在企业的学徒训练，通过这个教育过程，使社会成员中被视为成年的人增长能力、丰富知识、提高技术和专业资格，或使他们转向新的方向，在人的全面发展和参与社会经济、文化的均衡而独立发展两个方面，使他们的态度和行为得到改变。

1978 年中国共产党第十一届三中全会后，成人教育得到恢复和发展。在农村着重进行扫除文盲和农业实用技术知识教育；在工厂、矿区和企业进行职工初中文化补课和初级技术知识补课；成人高等教育除恢复函授、夜大学、业余大学外，还举办了中央电视大学、成人高等教育自学考试，开设了干部管理学院。

1987 年国务院批转《国家教育委员会关于改革和发展成人教育的决定》，进一步提出成人教育的主要任务是：对已经走上工作岗位，以及需要转换岗位或重新就业的人员进行岗位培训；对已经走上岗位而未受完初等、中等教育的劳动者进行基础教育；对已经在职而达不到岗位要求的中等或高等文化程度和专业水平的人员进行文化和专业教育；对受过高等教育的人进行继续教育；对全社会的成人进行社会文化和文明生活教育。

成人职业技术教育是指以成人为对象的继续职业技术教育。它既是继续教育的一个方面，又是职业技术教育的一部分。成人职业技术教育旨在提高或更新受教育者的职业知识和技能，使个性得到充分发展，或使个人职业地位得以提升。成人职业技术教育通常采用业余教育的形式，也有短期脱产培训。

（三）职业技术教育与特殊教育

特殊教育是指失明、失聪、弱能等身心残疾或智障者所接受的教育，包括义务教育和成人教育两个阶段。特殊教育的目的是为学生提供学习机会、发挥学生潜能，以帮助个体更好地适应社会，主要为中等以下层次。

职业技术是特殊教育学校学习内容的重要组成部分，特殊教育中的职业技术教育也是职业技术教育体系中的重要组成部分。特殊教育中为学生提供相应的职业技术教育内容，有助于学生毕业后获得一定的职业技能，能够自食其力，也有助于减轻家庭或社会负担。

1989 年，《国务院办公厅转发国家教委等部门〈关于发展特殊教育若干意见〉的通知》明确提出发展特殊教育事业的基本方针是着重抓好初等教育和职业技术教育，要求各级各类特殊教育学校要切实加强劳动技能和职业技术教育。

1990 年，《中华人民共和国残疾人保障法》首次从法律的视角规定特殊教育学校要在进行思想教育、文化教育的同时，加强身心补偿和职业技术教育。

1994 年，国务院颁布的第一部残疾人教育法规《残疾人教育条例》，专设职业教育内容，明确规定各级人民政府应当将残疾人职业教育纳入职业教育发展的总体规划，建立残疾人职业教育体系，统筹安排实施。

2010 年，《国家中长期教育改革和发展规划纲要（2010—2020 年）》提出未来十年特殊教育的发展任务包括大力推进残疾人职业教育、加强残疾学生职业技能和就业能力培养。

正是党和国家对发展特殊教育学校职业技术教育的高度重视，制定了一系列发展特殊教育学校职业技术教育的政策，才使特殊教育学校职业技术教育从弱到强，特殊教育职业学校从少到多发展起来，呈现层次完整、形式多样、内容丰富的特色，基本建立了特殊教育与职业技术教育相互沟通、初等职业技术教育与中等职业技术教育并举的特殊教育学校职业技术教育体系。

从课程建设上来看，坚持就业为导向原则，以专业和岗位为本，采用基础平台加专门化方向的课程结构，课程体系与教学内容突出了职业性、先进性、适时性、综合性，充分体现了能力本位的理念，在培养残疾学生的职业能力的同时提高残疾学生的发展能力（刘俊卿，2011）。

近年来，我国特殊教育学校专业建设基于社会对残疾人就业的要求和残疾人身心发展特点。盲校主要开设的专业或学习内容为推拿、针灸、编织等。聋校主要开设的专业或学习内容为木工、缝纫、刺绣、编织、美发、打字、印刷、农艺等。

思考题

1. 文化对职业技术教育产生何种影响？
2. 怎样正确认识普通教育中的职业技术教育因素？
3. 如何分析教育体系中职业技术教育的地位？

本章主要参考文献

[1] 徐英俊．职业教育学 [M]．哈尔滨：东北林业大学出版社，2008.

[2] 冯振飞．普通教育中引进职业教育因素之我见 [J]．辽宁教育学院学报，2000（1）：42-46.

[3] 刘俊卿．我国特殊教育学校职业教育发展的历史经验、现实问题及未来选择 [J]．中国特殊教育，2011（3）：3-7.

第 5 章 职业技术教育与人的发展

一、人的全面发展及其影响因素

（一）人的全面发展内涵

1. 人的发展

人的发展也称为人的个体发展，是指个体从出生到成人期身心有规律变化的过程。人的发展通常取正向的含义，是指向良好方向变化。个体从生到死的变化过程，包括身、心两个方面。生理或身体发展是指组织系统的发育及其机能增长。心理发展是指认知、意向发展和性格、能力形成，包括教育中常用的知识、技能与态度。有研究发现：人的身体发育是从“头部向下肢、从中心部位向全身的边缘”进行的。心理的发展先是以无意注意为主，以后逐渐发展有意注意；先发展机械记忆，后发展意义记忆；先发展形象思维，后发展抽象逻辑思维。

2. 人的发展阶段

有研究结果表明：人从出生到成年分为六个连续而又互相区别的阶段，即婴儿期（出生至 3 岁）、幼儿期（3~6 岁）、儿童期（6~11 或 12 岁）、少年期（11 或 12~14 或 15 岁）、青春期（14 或 15~17 或 18 岁）、成年期（18 岁以后，又分为青年期、壮年期、老年期）。个体在每个时期的发展情形各不相同。

人的发展是贯穿终身的过程。这是因为人的未完成性，可以不断向完人发展（联合国教科文组织《教育——财富蕴藏其中：国际 21 世纪教育委员会报告》）。我国古语说“活到老，学到老”，英文说法就是“live and learn”，其反映的道理是一致的。这实际上也体现了终身学习的可能性和必要性。

3. 人的全面发展

人的全面发展强调个体发展的全面性，即人的个性的所有方面都不能被轻视和忽视。强调个体发展的自由性，即每个人都能自由地按照自己的目的、愿望去表现自身个性的魅力和丰富性。强调人的各种潜能获得最充分的发掘，成为自身的主人。

与人的全面发展相对的是片面发展，又称“畸形发展”，指人的智力和体力不能同时得到发展，或人的智力、体力中某一种能力得到发展，而另外一种能力得不到发展。

4. 人的发展相关特征

人的发展相关特征具体包括顺序性、阶段性、不均衡性、差异性。顺序性是指从低级到高级、从量变到质变按次序发展。阶段性是指各年龄阶段有不同的发展重点和特征。不均衡性是指同一方面发展速度的快慢和不同方面发展时间的早迟不均衡。差异性是指个体之间发展上具有相对稳定的不相似性。

5. 全面发展教育

全面发展教育是指为促使人的身心各方面都能得到最大可能的发展而实施的教育。

历史上把德育、智育和体育作为和谐发展或全面发展教育的组成部分和内容。此后，我国又把美育列为全面发展教育的组成部分之一，简称为德智体美四育。

近年来，也有人主张把劳动教育列入全面发展教育中，提出德智体美劳五育。教育的目的就是要促进人在德智体美劳等诸方面的全面发展，力求避免出现人的片面发展。2018 年 9 月 10 日召开的全国教育大会上，“德智体美劳全面发展”的提法被官方正式确定。

（二）影响人发展的因素

影响人发展的因素包括：先天因素，即遗传而得到的先天素质；后天因素，即环境，涵盖了自然环境、社会环境等。

遗传也叫遗传素质，指人与生俱来的生理解剖上的特点，如机体的结构、形态、感官和神经系统的特点等。

环境是指围绕在个体周围并对个体自发地产生潜移默化作用的外部世界，包括自然环境、社会环境等。自然环境是指人类生存与发展的自然界。社会环境是指物质文化、精神文化和社会关系所构成的总和。

环境对人发展的作用：社会生产力的发展水平决定着人的发展程度和范围；社会

关系影响着人的发展方向；社会的精神文化影响着个体的身心发展内容；社会环境的不同可能造成个体发展上的巨大差异。

环境因素对人的影响特点：影响是广泛的、潜移默化的；有自发性和偶然性，有积极和消极的影响。人可以积极地改造环境、利用环境。

（三）教育对人发展的特殊作用

教育在人发展中的作用：发挥个体遗传上的优势，弥补遗传上的缺陷；控制和利用各种环境因素对人的自发影响；系统地影响人发展的方向、速度和水平。学校教育对个体发展起主导作用，其原因包括：教育的目的性、计划性、选择性、专门性，以及有专门负责的教师。

教育在促进人发展方面所需具备的条件取决于教育目的性、专门性等的实现程度，教育能否遵循身心发展规律，以及教师的工作态度和责任心等。

二、职业发展及其理论

（一）职业发展的内涵

职业活动是人一生中最为重要的社会实践。它占用人一生中最多的时间和精力，对人的其他社会实践产生深刻的影响。每个人都希望得到良好的职业发展。

职业发展是指随着年龄的增长、资历的变化、心理的发展，个人的职业行为发生有顺序的改变的过程，即一个人从初期的职业幻想阶段发展到实际选择及从事职业，并在职业中求发展的过程。它贯穿于人的一生，具有长期性与连续性。

良好的职业发展因素主要是指职业观、职业态度、职业知识和技能等方面达到较高的职业适应程度。

（二）职业发展理论相关观点

职业发展理论是起源于西方国家的职业指导理论之一。该理论认为职业发展在个人生活中是一个连续的长期过程，贯穿于一个人的各个发展阶段。职业发展理论的主要代表人物为美国学者金兹伯格和苏帕尔。他们从20世纪40年代初就提出发展性职业咨询、职业指导及其原则，并长期进行实验研究，于20世纪50年代形成理论体系。

职业发展在人的一生中可分为几个连续的不同阶段。金兹伯格把它分为幻想、尝试和现实三个阶段。苏帕尔则把它分为成长、探索、确定、维持、衰退五个阶段。每个阶段都有一定的特征和任务。职业指导有效，个人就能在每个阶段达到职业成熟。

苏帕尔以自我概念为基础，认为人自我概念的发展与就业培训紧密相连，人的职业偏好、职业能力、生活和工作机构及自我概念，都随时间和经验的变化而变化，人也在连续不断地对它们做出选择和调整。培训途径可以扩展到探索（进行就业试探和尝试性决策）和确定（就业决策得到评价和修正，并形成成熟的就业行为和职业决策）阶段。个人的职业生涯也取决于父母的社会经济水平、精神能力、个性特征和个人所面对的机会，但职业发展只取决于自我概念的发展和完善，而自我概念又依赖于个人在一定工作机构中的职位。

作为职业技术教育的组成部分，职业发展对每个人来说都是不可缺少的。对于学生来说，职业技术教育主要是培养从事职业工作所需的关键能力。关键能力一般包括专业能力、方法能力、社会能力三个方面。专业能力是指职业岗位具体的工作方式和手段、对劳动生产工具的认识及使用、对劳动材料的认识等。方法能力是指学习和获取新知识、新技能的能力，如在给定工作任务后，独立寻找解决问题的途径，把已获得的知识、技能和经验运用到新的实践中等。社会能力是指经历和构建社会关系，感受和理解他人的奉献和冲突，以及负责任地与他人相处的能力。

三、职业技术教育中的职业行动能力培养

职业行动能力是人职业发展的重要基础和支撑，因此，职业行动能力培养是职业

技术教育的重要目标。20 世纪 80 年代在德国出现的职业行动理论对于职业技术教育改革来说具有重要意义。职业行动能力内容构成是以关键能力为基础的，内涵要更丰富一些。

（一）职业行动理论

职业行动理论包含两个维度，即社会维度和职业行动维度。个体的各种活动主要是在这两个维度内展开的。首先，在个体的社会维度方面，个体所生活的社会环境包括个体与个体之间、个体与小组之间、个体与组织之间、个体与社会之间存在的不同联系，个体充当着不同的角色（在整个生活过程中，个体需要不断处理这些复杂的关系）。其次，在个体的职业行动维度方面，个体的生存与发展依赖于所从事的职业，个体的整个职业发展应包括当前的工作领域、未来可能的工作领域（具体的与抽象的），也包括自然的活动领域与物质范畴。通过与这些领域或范畴所发生的联系，个体的职业行动和职业发展才能得以实现。个体所接受的教育应基于上述两个维度所涉及的各种复杂关系或联系来进行设计和实施。

（二）职业行动能力的构成

依据职业行动理论，学校教育中的传统教学模式必须进行改革。与传统教学模式相对的是行动导向教学模式。行动导向内涵包括三个层次：①教育政策层面，即以此确立教育努力的方向；②课程与教学组织层面，即其内容结构和组织要采用人本原则和情境原则；③教学实施层面，即要形成行动导向的课堂形式。

如图 5-1 所示，职业行动能力由两个层面的能力构成：外层包括专业能力、个体能力与社会能力；内层包括学习能力、沟通能力与方法能力。外层三方面能力的发展与提升离不开内层三方面能力的支撑。换句话说，学习能力、沟通能力与方法能力是专业能力、个体能力与社会能力发展的基础与前提。在课堂

图 5-1　职业行动能力构成

教学中，教师在重视学生专业能力、个体能力与社会能力发展的同时，需要更加注重培养他们的学习能力、沟通能力与方法能力。

（三）行动导向的教学

完整的行动过程包括确定目标、执行、评价三个阶段。学生通过完整的行动过程来实现职业行动的学习就是行动导向的教学，包括信息、计划、决策、实施、检查与评价，如图 5–2 所示。一方面，学生是在行动中应用并检验前面所学的知识与技能；另一方面，学生又是在前面所学知识与技能的基础上发展行动能力。

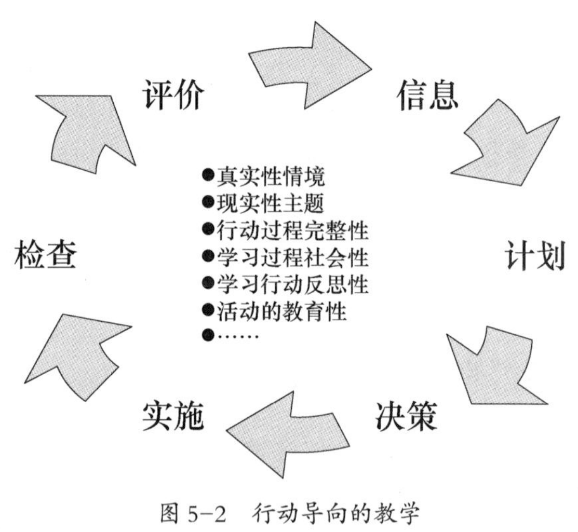

图 5–2　行动导向的教学

（四）职业行动能力的培养途径

职业技术教育中，职业行动能力要通过行动导向的教学来实现。行动导向的教学具有五个方面的特征：发展个人兴趣、自我引导、结果展示、合作共事、与生活现实相关。在学习情境中，学生主要通过职业行动来学习。职业行动尽可能由学生来独立计划、实施、检验，以及修正和评价。这些职业行动要有助于对职业现实的整体理解和掌握，必须与学生的亲身体验相结合，并能体现社会环境的影响。教师在教学设计中需要考虑如何开发和设计职业行动情境。学生通过职业行动情境进行学习，这个过程整合了职业行动能力。

思考题

1. 怎样理解人的全面发展内涵和影响因素？

2. 简述职业发展内涵与职业发展理论。

3. 如何在职业技术教育中进行职业行动能力的培养？

本章主要参考文献

[1] 联合国教科文组织．教育——财富蕴藏其中：国际21世纪教育委员会报告［M］．联合国教科文组织总部中文科，译．北京：教育科学出版社，1996.

[2] 张家祥，钱景舫．职业技术教育学［M］．上海：华东师范大学出版社，2001.

第 6 章
人才结构与专业设置

第 1 节
人才类型与人才结构

一、人才类型

（一）人才

人才有不同的解释，《辞海》中定义为：有才识学问的人，德才兼备的人。

（二）人才类型

社会人才可以从不同的角度加以分类，目前较公认的分类是从人力资源在社会活动过程中的主要功能进行划分。人才类型一般包括学术型人才（科学家、研究人员）、工程型人才（工程师）、技术型人才（技术员）和技能型人才。而与此相应的四类教育为普通教育、工程教育、技术教育与职业技术教育（沈亚强、张加光，2008）。

（三）职业类型

人才类型是由职业类型所决定的。职业类型（types of occupation）简称“职类”，是指内容、范围、职责和作用等方面具有共同特征的社会劳动分工。如将以利用自然资源为主的社会劳动称为“第一产业”；将把自然物改变为人造物的社会劳动称为“第二产业”；将提供传统服务（如医疗、餐饮等）和新兴服务（如信息、咨询等）的社会劳动称为“第三产业”。

随着科技发展和生产工具改进，社会劳动分工在不同层次、水平上逐渐扩大，形成许多新的产业门类。从统计和有计划培训劳动后备力量角度考虑，各国根据自己的文化传统和资源开发状况，按内容和作用相近予以归类，将本国数以万计的职业分成十几个类和数百个小类。

《中华人民共和国职业分类大典》(1999 年版)将我国职业归为 8 个大类、66 个中类、413 个小类、2028 个细类（职业），见表 6–1（注：表中细类数据包含 2005 年版、2006 年版、2007 年版增补本的相关数据)。

表 6–1　《中华人民共和国职业分类大典》(1999 年版)主要内容构成情况

类别划分	内容构成
第一大类	国家机关、党群组织、企业、事业单位负责人，其中包括 5 个中类、16 个小类、25 个细类
第二大类	专业技术人员，其中包括 14 个中类、115 个小类、440 个细类
第三大类	办事人员和有关人员，其中包括 4 个中类、12 个小类、53 个细类
第四大类	商业、服务业人员，其中包括 8 个中类、43 个小类、197 个细类
第五大类	农、林、牧、渔、水利业生产人员，其中包括 6 个中类、30 个小类、135 个细类
第六大类	生产、运输设备操作人员及有关人员，其中包括 27 个中类、195 个小类、1 176 个细类
第七大类	军人，其中包括 1 个中类、1 个小类、1 个细类
第八大类	不便分类的其他从业人员，其中包括 1 个中类、1 个小类、1 个细类

在 1999 年版的基础上，国家职业分类大典修订工作委员会于 2015 年颁布了所修订的《中华人民共和国职业分类大典（2015 年版)》。其职业分类结构为 8 个大类、75 个中类、434 个小类、1 481 个职业。与 1999 年版相比，维持 8 个大类，增加 9 个中类和 21 个小类，减少 547 个细类（职业)。

职业分类能发挥如下一些作用：服务于国民经济信息统计；依据职业分类开展就业人口结构变化和劳动力供求状况研究分析；在职业教育培训中具有引导作用；在技能人才评价制度改革中具有规范作用。

二、人才类型构成

（一）学术型人才

学术型人才，即从事发现、研究客观规律工作的人才。随着科技的发展和生产的需要，理论研究向实践领域趋近，于是产生了应用科学。它介于社会实践和基础科学之间，但仍以客观规律为研究对象，为实践提供新的设计原理和框图，而不以为社会谋取直接利益为目的。

（二）工程型人才

工程型人才是能完成工程任务的人才。从工程实施的过程来看，一个重大工程项目往往需要多学科、多部门和多领域的人员协同工作，还涉及工程的经济核算、统筹管理，甚至延伸到市场销售和售后服务等。因此，工程型人才不但要具有分析解决工程实际问题的能力、工程设计能力、开发能力，还要具有一定的组织管理能力、工程的质量和效益观念。

工程型人才的主要特性在于具有工程化的意识和观念，如整体意识、系统观念、效益观念等。这是工程型人才（教育）有别于技术型人才、技能型人才（教育）之处。此外，完成工程任务离不开技术的应用。在工程项目的实施过程中，工程型人才利用他们掌握的相关技术来解决工程技术项目的实际问题。

（三）技术型人才

技术型人才也称工艺型人才、执行型人才、中间型人才，他们在生产第一线或工作现场从事为社会谋取直接利益的工作。只有经过他们的努力，才能使工程型人才的设计、规划、决策转换成物质形态或者对社会产生具体作用。技术型人才又可分为三类：①生产类，如工厂技术员、工艺工程师、农艺师、畜牧师、植保技术员等；②管理类，如车间主任、作业长、工段长、设备科长、护士长、护理部主任，以及行政机关中的中高级职员；③职业类，如会计、统计、导游、空勤人员、农业生产经营者等（匡瑛、石伟平，2006）。

技术型人才作为工程型人才的助手，在生产第一线进行组织、管理工作和对复杂的或自动化的设备进行维修。其理论水平要求比工程型人才低，但要求多一点实际操作的知识和技能；操作技能要求比技能型人才低，但要求多一点理论知识。其工作性质、范围、地位、智能结构都介于工程型人才和技能型人才之间，是两者联系的纽带，主要工作是使工程型人才和技能型人才双方的工作变得更为有效。

（四）技能型人才

技能型人才也称技艺型人才、操作型人才，是在生产第一线或工作现场从事为社会谋取直接利益的工作，主要应掌握熟练操作技能和必要的专业知识。他们与技术型人才的区别在于主要依靠操作技能进行工作。一些高技术设备的操作者，虽有操作任务，但不能简单地归入技能型人才，尚需分析其智力含量的多寡，才能决定其是技术型人才还是技能型人才。

相对于其他类型的人才而言，技能型人才更强调劳动者的动手操作能力和劳动素质，如企业技术工人、汽车驾驶员、理发师等。这类人才由传统意义上的职业技术教育（区别于今天的职业技术教育）来培养。技能型人才的培养主要以能胜任某一职业岗位工作的技能为主导，要求掌握必需的基础和专业理论，看重理论的应用，但不强调其系统性、完整性。

随着科技的进步和产业的不断升级，对各类人才知识能力水平的要求大幅度提高，同时出现如下两方面的变化趋势：一方面，一批批综合性的职业岗位陆续产生，职业岗位之间的交叉渗透日益增多，从而对未来人才知识能力的复合性要求日趋强烈；另一方面，职业岗位不断分化，新的职业岗位层出不穷，职业岗位的专门化程度不断提高，社会分工日趋细化。

新增的岗位大多需要技术型人才。例如，在农村新兴的一些农业企业中，其成员在原有“农民”的基础上，一小部分发展为集产前、产中、产后的技术、经营、管理于一身的生产经营者——企业主或企业主代理；另一部分成为从事农牧业生产、产品营销、产品保鲜、产品加工、产品运输、财务管理等岗位技术与管理工作的技术型人员；还有部分是从事种植业、养殖业，以及农牧产品保鲜、运输、加工等操作岗位工作的技能型人员。

又如，在高新技术企业，为了适应“扁平化”组织形式的需要，一方面要求操作人员兼具多种技能和一定的管理能力；另一方面又要求公关、报关、谈判、客户信息、合同执行等人员日趋专门化。

由此可见，技能型人才和技术型人才不仅有分工的区别，还有层次的区别。同时，不可否认两者有交叉重叠之处。随着科技的进步，智能含量在许多工作中都占一定的比例，其交叉重叠之处确实在加宽。尽管如此，两者仍然不可等同（杨金土、孟广平、严雪怡等，2002）。

（五）高技能人才

2006 年 4 月，中共中央办公厅、国务院办公厅发布的《关于进一步加强高技能人才工作的意见》指出：加快推进人才强国战略，大力加强高技能人才工作，培养造就一大批具有高超技艺和精湛技能的高技能人才，稳步提升我国产业工人队伍的整体素质，是增强我国核心竞争力和自主创新能力、建设创新型国家的重要举措。当前和今后一个时期，高技能人才工作的目标任务是加快培养一大批数量充足、结构合理、素质优良的技术技能型、复合技能型和知识技能型高技能人才。

从对国家的高技能人才工作目标和技能人才类型的分析可以看出，高技能人才相对于初、中级技能人才来说，属于高素质、高技能的“双高人才”。因此，高技能人才的内涵具体应包含以下几方面内容。

一是高技能人才的类型可分为“技术技能型”“知识技能型”“复合技能型”三种类型。“技术技能型”人才是指不仅具有技术应用和组织管理的能力，而且具备精湛的操作技能的人才。“知识技能型”人才是指“手脑并用”的人才，既具有一定的理论和技术知识，又具有较强的动手能力和实践技能。在知识创新时代，这类人才掌握高新技术知识，在工艺革新、技术改造、发明创造和技术引进中具有一定的自主研发创新能力。“复合技能型”人才是指“一专多能”的人才，能体现知识的复合性和技能的复合性，具有运用跨专业的理论和技术知识解决实际问题的综合技能。复合技能型人才的培养主要通过设置复合型专业、跨专业模块方向学习、辅修专业等途径来实现。

二是高技能人才具有高超技艺和精湛技能。这是高技能的“高”所在，主要是指具有必要的理论知识，熟练掌握专门知识和技术，具备精湛的操作技能，并能在工作实践中解决关键技术和工艺方面的操作性难题。

三是高技能人才具有高素质。这主要是指高技能人才具有良好的职业道德和敬业精神，遵纪守法，有着高度的社会责任感和服务意识，具有敬业爱岗、吃苦耐劳、虚心好学、刻苦钻研、乐于奉献的优良品质。

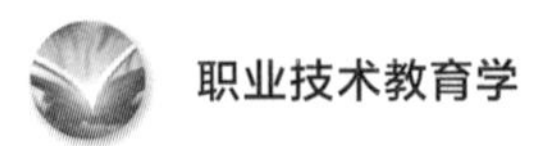

四是高技能人才拥有高等级职业资格（技能等级）证书。这类人才一般是指获得高级工以上（包括技师、高级技师等）职业资格（技能等级）证书的能工巧匠。

三、人才结构

人才结构是指什么产业或行业（产业或行业导向）和什么地区（地区导向）需要什么样的人才（人才类别、专业背景）去从事何种职业（职业类别）的何种工作（岗位需要）。人才结构是由经济结构、产业结构、行业构成、职业岗位等所决定的。

（一）金字塔形人才结构

如图 6–1 所示，人才构成上如同金字塔形，最下面的是工人，数量最多；中间是技术员，数量相对较少；处于最上端的是工程师，数量最少。这是传统企业和机器工业时代的典型人才结构形态。

（二）职业带人才结构

这是西方国家的人才结构理论模型，表述各类人才的地位、特点、演变发展及其与教育的关系。如图 6–2 所示，技术工人、技术员和工程师所需要的知识和技能结构是各不相同的。技术工人主要需要操作技能，工程师主要需要理论知识，而技术员则需要操作技能与理论知识并重。

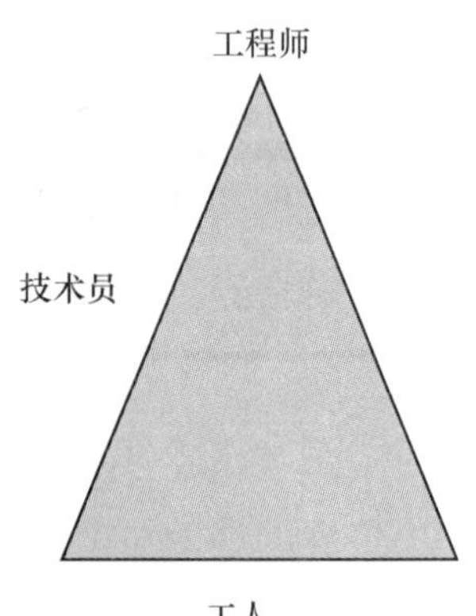

图 6–1　金字塔形人才结构

在手工业时期，职业带的结构是单一的；到了大工业生产的早期，职业带上开始出现技术工人与工程师的分化。自 20 世纪上半叶以来，由于技术的不断发展，工程师所需要的理论知识不断提高，在职业带上逐渐右移，工程师与技术工人之间开始出现空隙并不断拉开距离，由此出现的空白需要相应的人才来填补，技术员也就应运而生了。

根据对三类人员不同的理论知识和操作技能要求，技术工人主要需要的是操作技能，可将其称为技能型人才；既要求一定操作技能也需要一定理论知识的技术员，可将其称为技术型人才；主要侧重理论知识的工程师，可将其称为工程型人才。

总之，职业带随着生产技术发展而变化。大工业生产的早期，仅有工程师与技术工人两类人才；20 世纪以来，工程师因理论要求提高而在职业带上右移，与技术工人间出现空隙，由技术员填补。这种发展还在继续，导致技术员区域的扩大和技术员类人才的多层次化。各国都按各类人才的特点与地位确定相应的教育制度。

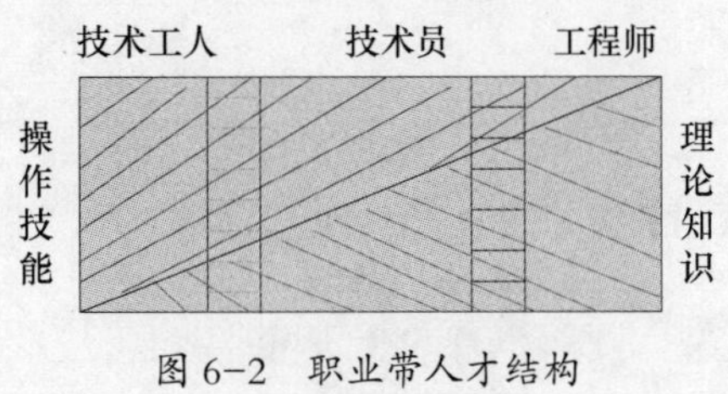

图 6-2　职业带人才结构

（三）阶梯形人才结构

如图 6-3 所示，从左往右分为三个人才系列，包括技术工人系列、技术员系列和工程师系列。

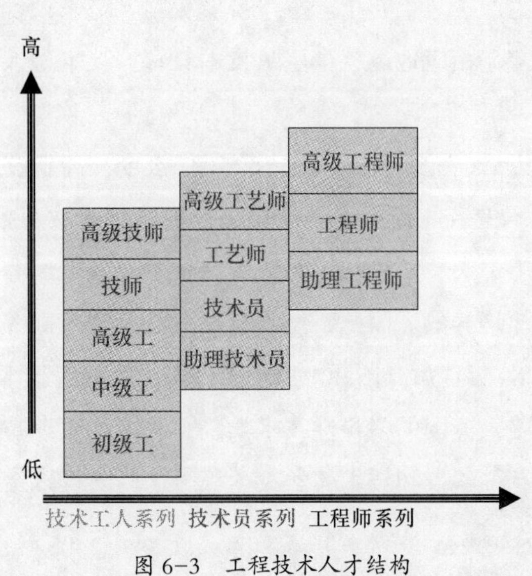

图 6-3　工程技术人才结构

技术工人系列自下而上共有五个等级，分别是初级工、中级工、高级工、技师和高级技师。技术员系列有四个等级，分别为助理技术员、技术员、工艺师和高级工艺师。工程师系列有三个等级，分别为助理工程师、工程师和高级工程师。三个系列自成一体，同时相互之间在等级上也可以横向比较和对应。

四、技术与技能型人才教育

（一）技术型人才教育

技术教育是培养技术型人才的教育。在 19 世纪，工厂产品制造过程中的工艺技术问题主要依靠工人的技能与经验来解决，同时工程型人才也兼管一些技术问题。到了 20 世纪，特别是第一次世界大战以后，科学技术进入生产的势头愈来愈猛，生产现场不仅工艺装备日趋复杂精确，更主要的是工艺过程已开始作为一个整体出现了。它不仅是各种装备和仪器的组合，同时还是机械、电气、液压、气动、光学等多种技术的结合，已不能仅依靠工人的技能与经验来解决问题。而且，工程师也不能像以前那样，同时负责产品设计和生产工艺工作了。生产需要专门人员来处理现场的技术问题，于是就出现了技术型人才，相应地也就产生了技术教育。技术型人才最初是由中等技术教育来培养的。

第二次世界大战以后，尤其是 20 世纪 60 年代至今，高新技术的广泛应用和第三产业的蓬勃发展对技术型人才提出了更高要求，也将技术教育推向更高层次。例如，机械加工行业中的加工中心、柔性加工系统等高技术设备的编程、调试维修人员，已不是中等技术教育所能培养的。因此，技术教育就必然进入高等教育领域，产生了高等技术教育。20 世纪 60 年代后，国际上出现了许多承担高等技术教育的院校，如美国的技术学院和社区学院，英国的多科性技术学院，法国的短期技术学院，澳大利亚的综合技术学院、高等专科学校和技术科学大学等。这些院校以培养技术型人才为主要特征，学制大多为 2~3 年。

纵观我国近半个世纪的高等教育，从专业类型和毕业生所从事的工作分析，相当多的本科专业都属于高等技术教育，如信息通信技术专业、计算机及其办公自动化专业培养的是技术型人才。这说明，我国本科层次的高等技术教育实质上早已存在，甚至有些学校还进行了研究生层次的技术型人才的培养工作。比如，中国农业大学设立了农业推广专业硕士学位，中科院软件研究所和合肥工业大学分别设有计算机应用技术专业硕士学位和专业博士学位等。

但从目前情况来看，我国技术型人才的培养主要是通过高职高专教育培养大专层次的高等技术人才，通过中等专业学校和技工学校来培养中等技术人才。技术教育的内容包括专业基础理论的学习、专业技术的学习及相关的技能训练。相对于工程教育而言，技术教育理论学科的系统性较弱，深度较浅，但实践性较强，注重对技术知识的掌握和熟练运用（沈亚强、张加光，2008）。

然而，在技术飞速发展的今天，技术更新往往意味着一个全新技术领域的形成，而不是在原有基础上的局部改进。因此，技术教育的专业面要比以前更宽，并重视多技术领域的交叉渗透与复合，从而有利于技术型人才的长远发展及其综合素质的提高。

（二）技能型人才教育

培养技术型人才的教育称为技术教育，培养技能型人才的教育称为职业技能教育。两者统称为职业技术教育。因此，职业技术教育既能够培养技术型人才，又能够培养技能型人才（张家祥、钱景舫，2001）。

目前，我国高等工程教育培养的一般是工程型人才，中等职业技术教育主要培养技能型人才，因此，培养技术人才的任务就落到了高职、高专上。四类人才的特点和培养比较见表 6-2。我国台湾地区也是如此，具有较为完善的职业技术教育体系，建立了科技大学—技术学院—专科学校一贯的高等职业技术教育体系，其高等职业技术教育机构和一般的高等教育机构分开，分为专科、本科、研究生三个层次，并可授予硕士甚至博士学位，所培养的人才包括各级技术员和技术师。

表 6-2 四类人才的特点和培养比较

教育类型	科学教育	工程教育	技术教育	技能教育
人才性质	学术型	工程型	技术型	技能型
教育内容	系统科学	工程学	产业技术	操作技能
培养目标	科学家	工程师	技术员	技工
目的任务	揭示规律	开发设计	生产组织	一线操作
培养机构	研究型大学	应用型大学	技术院校	职业学校
教育层次	学术型研究生	本科、专业型研究生	高职、高专	中职

从各国教育实践来看，在高等职业技术教育阶段，重点突出工程或技术教育。例如，德国应用科技大学（Fachhochschule）以培养企业和社会组织实际需要的技术应用型“高级桥梁式”职业人才为目标。英国高职主要以课程为主导，其国家职业资格（NVQ）的第三、四、五等级代表的教育层次和高职相当，可以培养工程技术员、技术工程师。英国工程技术人员分三种：特许工程师、技术工程师及工程技术员。其中，技术工程师的职责是将特许工程师的意图转化为实际工作。他们是工程技术人员群体中活动的计划者，常常负责解决日常的技术问题，有些还要进入管理和监督岗位。

美国二年制社区学院既培养技能型人才，也培养技术型人才；四年制大学中进行的教育只有少量的学术教育，大多是工程教育和技术教育，且社区学院具有向四年制大学输送生源的功能。日本高等职业技术教育中的专修学校和短期大学主要以技能型人才为培养目标，而高等专门学校则以技术型人才为培养目标。

综上所述，各国虽然办学模式不同，但都可以发现其高职分为多种层次，主要培养技术与技能型人才，以技术教育为主（匡瑛、石伟平，2006）。

第2节 专业与专业设置

教育目的（aim）是社会对人才培养的总要求，是根据社会的政治、经济、文化、科学、技术发展的要求和受教育者身心发展的状况确定的。它反映了社会对受教育者的要求，是教育工作的出发点和最终目标，也是制定教育目标、确定教育内容、选择教育方法、评价教育效果的根本依据。培养目标（goal）一般是对学校而言的，它明确规定各级各类学校培养什么样的人，以及其规格和质量要求。培养目标以专业为载体来实现。

专业设置是职业技术教育实现培养目标和实施教学活动的基础工作，也是职业技术教育主动服务、适应经济社会发展的关键环节。专业设置是否合理直接影响职业学校办学水平和办学效益，影响职业学校的生存与发展。

一、专业

专业有广义与狭义两种理解。本节论述的是狭义的专业。广义的专业是指专门从事的某种学业或职业，如通常所说的专业户、专业制作、干部专业化等方面的专业（崔士民，2008）。狭义的专业（professional，major，specialty）是指学校按照社会职业分工、学科分类、科学技术和文化发展状况及经济建设与社会发展的需要而设立的学业门类。职业学校按专业制定培养目标、教学计划，进行招生、教学、毕业生就业等工作；学生也按此进行学习，形成自己在某一专门领域的专长，为未来职业活动做准备。

高等学校专业与中等职业学校专业的区别主要体现在学术性（研究型）与职业性（应用型）上，以及专业设置课程内容的宽窄、深浅等方面。一个新专业的设置，通常要进行专业设置论证，所做的工作包括开展专业人才需求调查、进行专业培养目标定位、制订教学计划（培养计划 / 培养方案），并确定课程设置、课时及学分安排、教学资源和办学条件准备等。

二、专业结构

专业结构是指高等教育和中等专业教育的系、科、专业的构成。我国的教育专业结构按大、中、小类划分为三个层次。大类包括理、工、农、医、文、艺术、财经、政法、体育、师范等，称专业的科目结构。大类再分为若干个科类（中类），其中工科、文科、理科各若干类，其他科若干类，称专业的科类结构。小类中，研究生、本科、专科、中专各分为若干个类别，形成极为复杂的专业类别结构。专业设置与其结构要适应国民经济产业结构、部门结构等对劳动力、专业人才的需要，以提高教育的经济效益。专业结构与经济结构的关系是教育经济学的重要研究课题。

三、专业目录

专业目录是高校或职业技术学校开展招生和人才培养工作时参考的基本依据，是由政府根据职业领域人才结构和需求状况而制定的重要指导文件。一般来说，专业目录具有一定的稳定性，同时也需要依照人才变化和市场需要进行相应调整。

思考题

1. 人才类型与职业类型两者有何不同？
2. 人才类型的构成和各自特点是什么？
3. 怎样正确理解技术型人才教育与技能型人才教育？
4. 如何认识专业构成与专业目录？

本章主要参考文献

［1］沈亚强，张加光．从人才分类角度看工程教育、技术教育与职业教育的关系［J］．教育与职业，2008（3）：25-26.

[2] 匡瑛，石伟平．高职人才培养目标的转换——从“技术应用型人才”到“高技能人才”[J]．职业技术教育（教科版），2006（22）：21-23.

[3] 杨金土，孟广平，严雪怡，等．对技术、技术型人才和技术教育的再认识[J]．职业技术教育，2002（22）：5-10.

[4] 张家祥，钱景舫．职业技术教育学 [M]．上海：华东师范大学出版社，2001.

[5] 崔士民．职业教育学概论 [M]．成都：电子科技大学出版社，2008.

第7章 职业技术教育体系与保障系统

第 1 节
职业技术教育体系

一、职业技术教育体系的内涵与特点

（一）教育体系中的职业技术教育

体系是指若干互相关联的客观事物或客观事物反映的观念，在其发展过程中逐步形成的一个有序的整体。

教育体系是指互相联系的各种教育机构的整体或教育大系统中的各种教育要素的有序组合。教育体系有广义和狭义之分。广义的教育体系包括教育结构体系、教育管理体系、教育科研体系和经费筹措体系等。狭义的教育体系仅指教育构成的学制，即教育结构体系。教育结构体系是指构成学校教育总体系各部分之间的比例关系及其结合方式。

教育体系又称“教育系统”，是为达到一定的教育目的，实现一定的教育、教学功能的教育组织形式整体。教育体系包含人员、财物、信息、机构四个要素，具体可分为教育目的、教育内容、教育方法、教育活动、教育媒体、教育设施、教育环境、学生、教师、教学管理人员等要素。这些要素相互独立、相互联系、相互作用而构成有机整体。研究角度不同，教育体系可有不同的类型和层次。

作为一个国家各级各类教育的系统，教育体系包括学校教育系统、校外儿童教育系统和成人文化教育系统。其中，学校教育系统是国家对受教育者进行教育的最严密、最有效的组织，集中体现了整个国家教育的面貌，分为初等教育、中等教育、高等教育等各级学校，包括普通教育和专业教育等各类学校。

1. 教育层次中的职业技术教育

从教育层次上看，教育体系包括幼儿教育、初等教育（小学教育、初等职业技术教育）、中等教育（初中、高中、中职）与高等教育（高职高专、本科和研究生教育）。初等教育、中等教育与高等教育三个层次中，均存在职业技术教育。

2. 教育类型中的职业技术教育

从教育类型上看，教育体系包括普通教育（基础教育和高等教育）、职业技术教育（初等、中等、高等）、特殊教育（针对聋、盲、哑等身心智障者）、成人教育（在职、脱产等）、农村教育（为三农服务）等。

（二）职业技术教育体系的内涵

职业技术教育体系是指职业技术教育的结构系统和管理体制，是国家或地区各种类型、各种层次职业技术教育学校系统与培训系统所构成的整体，为整个教育系统的子系统。

我国职业技术教育系统由职业中学、技工学校、中等专业学校、高等职业院校和各种职业技术培训机构组成。职业技术教育的管理体制是保证该系统协调、高效运行的科学管理机构与制度。

1986 年，第一次全国职业技术教育工作会议提出“分级管理、分工负责、地方为主、行业与地方协调配合”的原则。

（三）职业技术教育体系的特点

职业技术教育体系本身是个复杂的系统，其中主要包括国家或地区各种类型、各种层次职业技术教育与培训所构成的整体。职业技术教育体系建立在普通教育的基础上，受一定社会的经济和技术制约，随着经济与技术的变化和普通教育普及程度的提高而不断调整，以适应社会发展和经济建设的需要。

职业学校教育与职业培训属于形式结构；职业技术入门教育、职业技术准备教育与职业技术继续教育属于层次结构；技能型人才教育与智能型人才教育属于类型结构。

二、目前我国职业技术教育体系的构成

我国的职业技术教育体系经过数十年的改革与发展，已成为一个庞大、复杂的系统。一个具有中国特色的职前、职后相互衔接，与普通教育体系相互沟通的体系正在形成和发展之中。职业技术教育结构规定各级职业技术学校在学制中的位置。我国是以中等职业技术教育为重点，同时积极发展高等职业技术教育，逐步建立起一个从初级到高级、行业配套、结构合理，又能与普通教育相互沟通的职业技术教育体系。

（一）职业技术教育层次与结构

职业技术教育层次是指一个国家的职业技术教育系统是一种多层次的、由代表不同水平的职业技术学校组成的结构。每一层次结构受到整个教育层次结构的制约，但不与它一一对应，而与所培养的人员在人才层次结构中的位置相对应。如职业初中，因其培养初级技术工人而属于初等职业技术教育层次；中等专业学校因其培养中级技术人员而属于中等职业技术教育层次。一般按文化和专业技术的高低分成初等、中等、高等多种层次。同一层次人才的培养计划中，可能有多种招生对象与修业年限。这一点与普通教育不同。

职业技术教育结构是职业技术教育的内部构成。它包括各级各类职业技术学校的层次结构、专业（工种）结构、办学形式结构、地区分布结构等，各种结构中又有组成部分及各部分一定的比例。因此，职业技术教育结构应与国民经济结构相适应，才能充分发挥教育的社会效益和经济效益。

职业学校教育是指各级各类职业学校对受教育者所施行的有目的、有计划、有组织的传授专业知识、培养职业思想和职业道德、发展职业能力的职业技术教育活动。职业学校教育分为初等、中等、高等职业学校教育。在我国实施高等职业学校教育的有高等专科学校、职业技术学院、职业大学和成人高等学校，也可以由普通高等学校实施；实施中等职业学校教育的有中等专业学校、职业技术学校、职教中心、技工学校、职业高中等。

普通中学按照教育行政部门的统筹规划，适当开设职业技术教育课程。初等职业学校主要在农村设立，是相当于初中阶段的职业技术教育。它适合我国广大农村的条件和需要，是我国职业技术教育体系的重要组成部分，也是我国职业技术教育体系的一个特点。

初等职业技术教育是最低层次的职业技术教育，主要是培养初级技术工人、农民和从事其他行业熟练劳动者的职业技术教育。初等职业技术教育的招生对象为小学毕业生，学习 3~4 年的文化知识和专业知识、职业技能。这一形式在过去的农村得到了广泛实施，如农业中学等，为未能升入初级中学的小学毕业生提供接受教育的机会。对学生进行初等职业技术教育的学校统称为初等职业学校。它是为城乡经济发展培养有技术专长的后备劳动者的专门学校。

职工学校是对在职职工进行教育的各级各类成人学校的总称。广义的职工学校除了职工初等和中等学校外，还包括职工中等专业学校和职工大学。由于我国经济体制和教育体制的改革，目前的职工学校数量有很大程度的减少。在以前，我国的职工学校由政府教育部门、企事业单位、企业主管部门、工会组织和其他社会团体举办。办学形式以业余为主，脱产、半脱产与业余相结合。开班与设置课程除职工大学、职工中专、职工高中、职工职业高中列入国家计划，由省、自治区、直辖市政府或国务院主管部委审批外，一般由主办单位根据生产、工作和社会需要自行决定。

（二）中等职业技术教育构成

中等职业技术教育是中等层次的职业技术教育，培养对象为中级技术工人、技术人员、基层管理人员和其他中级专业人员。初中毕业生可进入中等专业学校、技工学校、职业高中等学习，修业 2~5 年。

中等专业学校培养具有一定专业理论知识和应用技能的技术人员、管理人员和其他专业人员。技工学校培养具有一定专业知识和操作技能的中级技术工人。职业高中培养具有一定文化水平、一定专业知识、专业技能和职业能力的技术人员、管理人员、中级技术工人或其他专业人员。

1. 中等专业学校

中华人民共和国成立初期从苏联引入这种学校类型，在接管旧的职业学校的基础上进行调整，全面参照苏联中专学校的专业设置、教学计划、教学大纲、教材、教学方法、规章制度和学校组织体制。它包括中等技术学校和中等师范学校。前者又细分为工业、农业、林业、医药、财经、政法、体育、艺术和其他各专业。

中等专业学校的办学渠道和形式呈现多样性：主要有中央和省、市业务部门办的；还有教育部门、地（市）和大型厂矿开办的；20 世纪 80 年代，随着乡镇企业发展对人才的需求，还有少量县属校。

除全日制普通中等专业学校外，还有职业中等专业学校，电视、广播、函授中等专业学校等形式。中等专业学校是一种实行职业训练与普通中等教育相结合的中等职业学校。学习年限以学生来源而定，一般为 3~4 年。学生在校期间学习某种专业的基本理论知识和实践知识，并掌握一定的职业能力和技巧。

2. 技工学校

我国培养中级技术工人的学校称为技工学校，其性质与欧美一些国家的工业中学相同。技工学校办学规模和工种（专业）设置一般由各级别的产业管理部门和各级劳动主管部门等办学主管单位核定。

教学按工种（专业）划分进行安排，生产实习的课时数占总教学时间一半以上。理论课教学与生产实习教学一般采取隔周交替形式。学校根据所设工种（专业）建立实习工厂（场、店），配备实习设备，以保证学生进行基本功训练和综合课题训练。对于不便建立实习工厂的工种（专业），学校加强实验或模拟教学；对于需要到校外工厂（车间、工地、店堂）实习的内容，学校则同企业事先商订有契约性的生产（业务）实习教学工作计划，力求做到定课题、定学时、定岗位、定师傅、定期考核和定期轮换实习岗位。校办实习工厂（场、店）在完成生产实习任务的前提下可安排生产任务，承揽经营服务项目，其创收列入学校基金。随着经济体制的改革和发展，技工学校已开始朝着多层次、多方向转轨。

技工学校是专门培养技术工人的中等职业学校，是我国职业技术教育的重要组成部分。技工学校由劳动部门综合管理。

3. 职业高中

职业高中也称高级职业中学，是专门实施职业技术教育的高级中学。在对受教育者传授文化与技术理论、训练职业技能的同时，有计划地进行职业理想、职业道德和职业纪律教育，为各行各业培养初、中级生产服务或经营管理人员。

职业高中的培养目标是培养五育全面发展，具有相当于高中毕业文化程度，并具有初、中级专业基础知识和实际操作能力的专门人才。学习年限为 2~3 年，学生毕业后既可以成为技术工人，又可以是专业技术人员和管理人员，还可以报考专业对口的高等院校。

（三）高等职业技术教育构成

高等职业技术教育属于第三级教育层次的职业技术教育。它包括就业前的职业技术教育和从业后的有关继续教育，如美国技术学院和社区学院的部分教学计划，日本高等专门学校、短期大学的部分教学计划和专修学校的专门课程，法国的大学技术学院、高级技术员班，中国早期的高等实业学堂、专门学校、专科学校等，以及各国成人高等学校部分教学计划等所提供的教育。

高等职业技术教育培养应用型高级专业技术人才和管理人才，是职业技术教育的最高层次。它既是我国高等教育的一部分，又与初等职业技术教育、中等职业技术教育一起组成我国职业技术教育的完整体系。它主要培养文科、理科、工科、农林、医药、政法、财经 7 个科类的专业辅助人才。例如，文科类中的文秘、图书馆管理员（不含图书馆学专业人员），理科类中的实验员，工科类中的高级技术员、工艺师，医药科类中的医辅人员，政法科类中的法院辅助工作人员，财经科类中的高级会计员、统计员等。

其中，学历教育一般属专科层次，修业 2~3 年。此外，还有短期的非学历教育。实施机构为高等职业技术学校（又称“高等职业学校”）。高等职业技术学校主要包括职业大学、技术专科学校、高等专科学校、职业技术学院、高级技工学校、高职本科院校等。

1. 职业大学

职业大学又称“短期职业大学”，一般由地方政府举办，由财政支出办学经费，主要为本地区培养高级应用型技术人才，学制为 2~3 年。此外，也有本科层次的专业，学制为 4 年。职业大学主要设置普通高等学校不设或很少设置的应用性强的专业，具有较强的地方性。

2. 技术专科学校

我国最早的技术专科学校是在中等专业学校的基础上创办的。1985 年，西安航空工业学校、国家地震局地震学校、上海电机制造学校三所学校在中等专业学校的基础上试办五年制技术专科学校，招收初中毕业生，实行四五年制套办，即学生在第二年后分流，按四年制学习毕业的属中专层次，按五年制学习毕业的属大专层次。技术专科学校的培养目标是应用型、技艺型专业人才。招生时以中专名义招收初中毕业生，前两年只具有中专学籍，两年期满，按学习成绩和学生志愿择优选拔一部分学生升入专科，学习 3 年。经考试合格者，发给专科毕业证书。

3. 高等专科学校

高等专科学校指高等专门教育机构。它实施全日制高等职业技术教育，培养专门技术人员。高等专科学校有的也提供相应的非全日制成人教育，属大专层次。高等专科学校一般招收完成各类中等教育者或同等学力者，修业 2~3 年，如入学条件低则修业年限相应延长。高等专科学校多设置工程技术、师范、管理等实用学科。高等专科学校既有设多科类专业的，又有设单一科类专业的，一般有明显的地方性或区域性。教学侧重实际知识、实用理论的掌握和实际技能的训练。毕业生有良好的职业技术准备，普遍受到企事业单位的欢迎。

4. 职业技术学院

1997 年以来，我国开始以新机制举办高等职业技术教育（简称“新高职”），可以招收应届普通高中毕业生和中等职业学校的应届毕业生。接受学历教育的毕业生可取得大专层次的高等职业技术教育毕业证书，与普通高等学校的毕业生一样实行学校推荐，自主择业。

实施“新高职”教育的主体学校一般称为“职业技术学院”。此外，还有以下几种教育机构也可实施“新高职”教育。

（1）普通高等学校内设置的二级职业技术学院。

（2）人口较多，经济地位重要，而又未独立设置高等职业学校的地区和个别大城市，以成人高校为基础，适当并入国家级和省部级重点中专，使其办学条件达到国家标准后，组建职业技术学院。

（3）少数条件好的成人高校减少成人脱产学历教育的规模，承担试办“新高职”的任务。

（4）探索社会力量举办“新高职”之路，以条件相对较好，具有举办高等学历教育资格的民办高校为基础，根据自愿原则，适当吸纳其他社会办学力量，使办学条件达到国家标准后，改办为民办性质的职业技术学院。

5. 高级技工学校

高级技工学校是我国培养高级技术工人的专门学校，1988 年首先在上海、沈阳等地建立，由地方劳动部门或大型企业承办。招生对象一种是在职脱产（或半脱产）学习、年龄不超过 35 岁的中级技术工人和技工学校的生产实习指导教师，另一种是应届技工学校、职业高中、职业中专的优秀毕业生。

学生在校修业 2 年，达到国家规定的本专业（工种）高级工技术等级标准的要求，并取得高级工职业资格（技能等级）证书，享有与大专毕业相应的应聘资格。

6. 高职本科院校

职业本科或技术应用型本科，也称为高职本科，是全日制本科学历教育的一种，学位为专业学士。高职本科与普通本科共同构成我国高等教育体系的全日制本科。高职本科院校旨在把学生培养成高级技术型人才。他们不同于职业专科生，也不同于普通本科生。

近年来，除在本科院校独立试办高职本科专业外，也有在国家示范性高职高专院校中试办高职本科专业的案例，如天津职业大学、深圳职业技术学院、贵州交通职业技术学院、无锡职业技术学院、柳州职业技术学院等与相关本科院校联合试办高职本科专业。其培养模式为：利用国家示范性高职高专院校的教学实验资源完成 4 年本科学习生活，合格毕业后颁发联办本科院校的全日制普通高等学校本科毕业证书，授予相关专业学士学位。

2019 年，教育部批准的全国首批十五所职业本科试点学校为：南昌职业学院、江西软件职业学院、泉州理工职业学院、山东外国语职业学院、山东凯文科技职业学院、山东外事翻译职业学院、周口科技职业学院、广东工商职业学院、广州科技职业技术学院、广西城市职业学院、海南科技职业学院、重庆机电职业技术学院、成都艺术职业学院、陕西电子科技职业学院、西安汽车科技职业学院。它们由职业学院正式更名为职业大学，同时升格为本科院校。在本次高职升本中，教育部明确提出了“升格为本科层次职业学校”，同时升本后名称均保留了“职业”二字。

三、我国职业技术教育体系的形成与发展

职业技术教育成为各国教育体系的重要组成部分，并随着经济和科学技术的发展而不断发展。职业技术教育学制是学校教育制度的组成部分，它依据一定社会经济政治需要和普通教育发展水平制定，规定了各级各类职业技术学校的性质、任务、入学

条件、修业年限和相互关系。

（一）近代职业技术学校的建立与发展

我国职业技术教育伴随着近代工业和生产方式的发展而产生。福建船政局附设的船政学堂、江南机器制造局附设的机器学堂等，是中国早期的一批职业技术学校。1902 年（清光绪二十八年）颁布的《钦定学堂章程》首次列入实业教育，分简易实业学堂、中等实业学堂与高等实业学堂三个层次。

1904 年清政府颁布的《奏定学堂章程》（癸卯学制），首次将实业学堂列入学制，在学校系统中单独成体系。此后颁布的《奏定实业学堂通则》提出：实业学堂所以振兴农、工、商各项实业，为富国裕民之本计；其学专求实际，不尚空谈，行之最为无弊。其还规定，实业学堂的种类分为实业教员讲习所、农业学堂、工业学堂、商业学堂、商船学堂，各类实业学堂均分为初等、中等、高等三级，并对各级各类实业学堂的入学条件、培养目标、修业年限等做了明文规定。

1912—1913 年制定并公布的“壬子癸丑学制”中改称乙种实业学校、甲种实业学校与专门学校。1913 年公布《实业学校令》，改实业学堂为实业学校，规定实业学校以教授农、工、商必需知识技能为目的。

1922 年公布的“壬戌学制”改实业教育为职业教育，之后又改称实业学校为初、高级职业学校。但职业教育发展缓慢，到 1946 年全国仅有职业学校 724 所，在校学生 13.7 万余人。

（二）职业技术教育学制体系的建立与发展

中华人民共和国成立后，逐步建立了职业技术教育学制体系。1951 年，中央人民政府政务院颁布《关于改革学制的决定》，明确规定各级各类职业技术学校在学制中的地位。1953 年后，我国建立了一批中等专业学校和技工学校，成为实施职业技术教育的主要学校类型。1985 年 5 月，中共中央会议上通过了教育改革文件《中共中央关于教育体制改革的决定》。该文件提出，调整中等教育结构，大力发展职业技术教育，并要求力争在五年内，使大多数地区的各类高中阶段的职业技术学校招生数相当于普通高中的招生数。

1991 年 10 月，国务院颁布《关于大力发展职业技术教育的决定》，确立了职业技术教育在我国社会主义现代化建设中的战略地位和作用，提出了 20 世纪 90 年代职业技术教育的主要任务。至20世纪90年代中期，我国逐步建立起职业技术教育和技术教育两大类型，职业技术入门教育、职业技术准备教育、职业技术继续教育三个阶段，初级、中级、高级三个层次的职业技术教育体系，形成了包括初级职业技术学校、中等专业学校、技工学校、职业中学、农业中学、专科学校、职业技术学院在内的职业技术学校系统和职业技术培训中心。

（三）职业技术教育体系以法律形式确立

1996年9月1日起施行的《中华人民共和国职业教育法》有五个条款涉及了职业技术教育体系的内容，首次以法律形式对职业技术教育体系进行确立和规定。这对于推进职业技术教育体系建设和发展具有十分重要的意义。针对职业技术教育体系相关内容，该部法律做出如下具体规定。

第十二条　国家根据不同地区的经济发展水平和教育普及程度，实施以初中后为重点的不同阶段的教育分流，建立、健全职业学校教育与职业培训并举，并与其他教育相互沟通、协调发展的职业教育体系。

第十三条　职业学校教育分为初等、中等、高等职业学校教育。

初等、中等职业学校教育分别由初等、中等职业学校实施；高等职业学校教育根据需要和条件由高等职业学校实施，或者由普通高等学校实施。其他学校按照教育行政部门的统筹规划，可以实施同层次的职业学校教育。

第十四条　职业培训包括从业前培训、转业培训、学徒培训、在岗培训、转岗培训及其他职业性培训，可以根据实际情况分为初级、中级、高级职业培训。

职业培训分别由相应的职业培训机构、职业学校实施。

其他学校或者教育机构可以根据办学能力，开展面向社会的、多种形式的职业培训。

第十五条　残疾人职业教育除由残疾人教育机构实施外，各级各类职业学校和职业培训机构及其他教育机构应当按照国家有关规定接纳残疾学生。

第十六条　普通中学可以因地制宜地开设职业教育的课程，或者根据实际需要适当增加职业教育的教学内容。

20世纪90年代末，由于经济转型和教育改革的实施，包括职业技术教育的并轨改革（即“不包分配、交费上学、自主择业”），以及高校扩招的影响，中等职业技术教育开始出现一段时期的滑坡。与之前相比，不论是学校数还是学生数，还包括教育质量，均处于萎缩状态。

21 世纪前 10 年后半期，在相关部门采取的大力改革举措之下，职业技术教育又有了新的转变。

（四）现代职业技术教育体系建设规划

教育体系基本框架如图 7–1 所示。为加快发展现代职业技术教育，建设现代职业技术教育体系，服务实现全面建成小康社会目标，教育部、国家发展改革委、财政部、人力资源社会保障部、农业部、国务院扶贫办组织编制了《现代职业教育体系建设规划（2014—2020 年）》。此文件的发布，为我国现代职业技术教育体系建设与发展指明了方向。

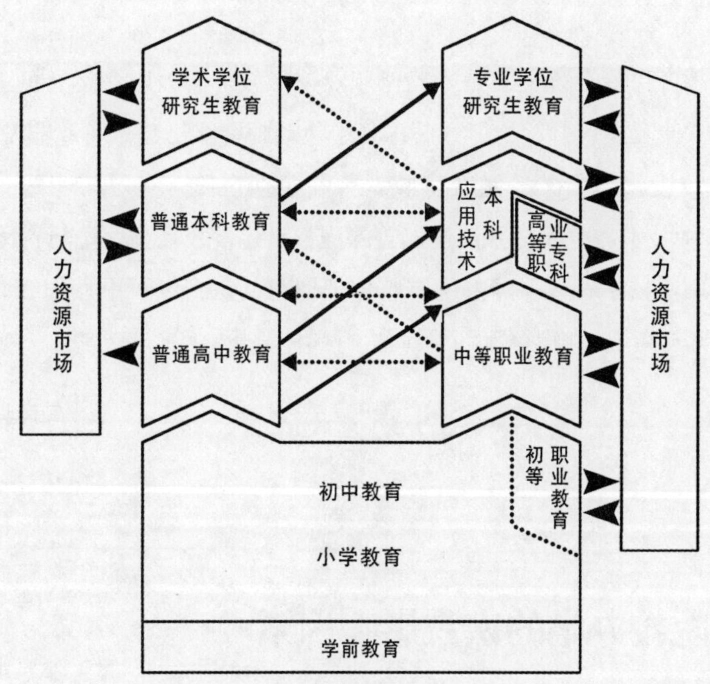

图 7–1　教育体系基本框架

针对现代职业技术教育体系建设需要，该规划文件从层次结构、终身一体、办学类型、开放沟通等方面提出如下构想：按照终身教育的理念形成服务需求、开放融合、纵向流动、双向沟通的现代职业技术教育的体系框架和总体布局。

第 2 节
职业技术教育保障系统

职业技术教育保障系统主要是指确保职业技术教育有效顺利运行的各个因素所构成的整体，通常涉及人、财、物等方面，其中包括师资队伍建设（专业发展）及培养、经费支持（财政拨款与非义务制教育收费）和实训设施（实习与实践、公共实训中心）。此外，职业技术教育保障系统还涵盖课程教材建设、社会舆论与科研支持等。

为便于对职业技术教育保障系统有整体把握与认识，以下重点围绕职业院校办学的宏观影响因素与微观影响因素两个层面进行具体分析。

一、职业院校办学的宏观影响因素

（一）职业技术教育管理与行政手段

国家或地方政府对职业技术教育事业及学校进行组织、领导和管理，包括教育行政管理和学校管理。

目前，我国教育部层面负责全国职业技术教育工作管理与协调的机构是职业教育与成人教育司。

教育部所设立的职业教育与成人教育司，负责如下方面工作的指导与管理：承担职业教育统筹规划、综合协调和宏观管理工作；拟订职业教育专业目录和教学基本要求；会同有关方面拟订职业学校设置标准；指导职业教育教学改革和教材建设工作；指导中等职业学校教师培养培训工作；承担成人教育以及扫除青壮年文盲的宏观指导工作；指导各级各类高等继续教育和远程教育工作。

（二）经费手段

财政与经费投入手段是对职业技术教育进行管理的另一重要途径。我国中央政府与地方各级政府通过财政拨款的形式来支持职业技术教育建设与发展。

针对职业技术教育基础能力建设，中央政府制定专项资金支持的政策。中央财政专项资金对各地的职业技术教育实训基地建设采取不同的支持方式。对东部等经济发达地区，在奖励方式上以贴息为主；对中西部地区以补助为主。

（三）法律与政策手段

1. 法律手段

法律手段是规范和促进职业教育发展的法制保障。1996 年开始施行《中华人民共和国职业教育法》是职业教育政策发展中的重大事件。它确定了职业教育的法律地位；规定了政府、社会、企业、学校以及个人在职业教育中的义务和权利；明确了职业教育的根本任务、办学体制和管理体制；提出了发展职业教育的方法途径；规定了职业院校的设置标准和进入条件等。

2. 政策手段

政府制定针对职业技术教育的各项政策举措是职业技术教育发展的有力保障。例如，在高校扩招、中职办学处于滑坡困难时期，以及职业技术教育面临中、高职院校不断升格背景下，2004 年 9 月《教育部等七部门关于进一步加强职业教育工作的若干意见》文件的颁布，对于保障职业技术教育的健康发展非常必要。

二、职业院校办学的微观影响因素

从学校角度来看，职业院校办学的质量取决于师资队伍、教学设施、教学管理、课程和培养模式等因素。

（一）师资队伍

教师是办学的主要条件，是教学的主导力量，是人才培养质量的关键。因此，建设一支数量充足、质量合格、结构合理的“双师型”职业技术教育师资队伍，是实现职业技术教育培养目标和任务的保障。

专业特色和教学特色的形成、充实与巩固，也必须要依靠一支有特色的师资队伍。师资队伍要素包括师资队伍结构与质量，主要是指学校专、兼职师资队伍的数量结构、教学质量、教学效果和建设规划。

从专职教师的数量和结构来看，要保持合理的师生比例、职称结构比例，提高专职教师在师资队伍中的比例，专业课教师数量要充足，专职教师应具有广博的文化知识和宽厚的专业理论知识。

从教师自身的素质来看，职业院校的专业教师应具有“双师素质”，既要有从事职业教育工作的理论水平和能力，又要有专业实践技能和经验。由于职业院校教师劳动的特殊性，还要求教师应具备良好的身心素质和专业素养。

从师资队伍的整体来看，职业院校师资队伍应具有“双师结构”，即形成一支专职教师与兼职教师相结合的师资队伍。需要强调的是，职业院校兼职师资队伍的建设，不能像普通民办学校那样只是聘请有丰富教学管理经验的老教师担任公共课教学或班主任等学生管理工作，还必须强调从行业企业第一线聘请专业技术人员和能工巧匠担任兼职教师，优化职业院校整体师资队伍的来源结构，打造具有“双师结构”的专业教学团队。

不断加强师资队伍建设是提高教学质量的有力保障，队伍建设针对性要强，坚持长远目标和短期目标相结合，建设的重点应放在增加数量、稳定队伍、提高“双师素质”和优化“双师结构”上。

（二）教学设施

教学设施是职业院校完成教学任务、提高教学质量、实现教学目标的重要前提。

实践教学是培养学生职业技能的重要教学环节，突出职业岗位技能模拟训练或实训，培养学生的技术应用能力是职业教育实践教学的重点，同时又是培养学生创新能力的有效途径。

教学设施包括图书资料、体育设施、现代信息教育设施、实验实训条件等。

1. 图书资料

图书资料建设和发展是学校可持续发展的基本条件，也是衡量学校办学水平的重要标志之一。图书馆的馆藏数量和质量在保证教学的基本需要的同时，还要加强开发网络信息资源，建立相应的管理机制，提高图书资料的借阅和阅览率。

2. 体育设施

体育设施如运动场地、体育器材要满足体育课教学和学生课外活动的需求。

3. 现代信息教育设施

现代信息技术和多媒体教育技术已深入教育领域，网络信息成了教育的重要资源，因此要加强计算机辅助教学、教育信息资源、电子图书等数字化教学环境的建设，改善教学资源配置。

4. 实验实训条件

实验实训条件是实践教学体系的重要支撑，是学生理论联系实际、掌握专业技能、培养职业素养的重要保障。实验条件要满足教学计划需求，保证实验开出率。计算机台数要满足开课需求，要为学生提供综合性、设计性实验条件，要有专业实习、实训基地，工位要充足，设备配置要合理。实验室、机房开放率要高，除安排正常教学外，能为学生提供课外科技活动和创新实践机会。建立稳定的校外实践基地，让学生在生产一线学习技术、锻炼技能，了解市场环境、企业运作、管理等方面的实际问题，为毕业后上岗做好准备。

（三）教学管理

职业院校教学管理就是针对学校教学开展的计划、组织指挥和控制的一系列活动，是学校围绕人才培养教育目标进行的计划、组织、实施、检查、督导、审核等所有管理活动的总和。它是实现教育教学目标的保障和调控体系。

教学管理体系由管理队伍、管理机构、教学管理文件、教学质量监控等组成。

教学管理人员是教学管理的中坚力量，管理人员队伍的建设会直接影响整个管理工作的效果。管理队伍人员包括校领导，以及教务处、学生处、就业指导中心、教研组（室）主任和专职学生工作人员。不同层次的管理人员应该具备相应的管理素质，即达到一定的学历水平，在有某项专业技能的基础上，有管理学及相关专业学习的经历。

管理机构主要是指上述人员任职的机构，各机构管理职责要明确，做到教学常规管理有章可循、有制度可查。

教学管理文件主要是指教学计划、教学大纲、教学管理制度等教学文件。它是规范教学工作、实施教学管理的重要依据，用于保证教学工作有秩序、有成效地进行。

教学质量监控是指制定各主要教学环节的质量标准，采集、处理和利用各种教学反馈信息，对管理工作在执行中出现的偏差予以纠正，以保证对教学质量进行全方位、全过程监控。职业院校应建立质量标准、工作规范、组织管理、考核奖惩制度，利用学生、教师、教学督导等多方信息来源渠道，确保及时、准确地收集、整理、分析教学动态，为决策提供依据，并通过管理机构使教学决策迅速、有效地得到贯彻实施。

（四）课程和培养模式

1. 课程

课程是指学校按照一定的教育目的所建构的各种教育、教学活动的系统。它是教学的核心，其设置是否合理将直接关系到教学目标能否实现、学生综合能力能否得到培养。课程由教学计划、教材建设、教学方法与手段、实践教学等方面组成。

（1）教学计划

教学计划是学校为培养专门人才、组织教学和实施教学管理制定的依据性文件。职业院校为社会培养高素质劳动者和专门人才，其课程设置应当坚持适用、适度、够用及面向社会需求的基本原则，坚持理论与实践教学并重的原则，建立完善的课程考核制度，进一步加强对学生专业基本技能和实践能力的考评。

（2）教材建设

教材是体现一定教学思想的载体，是师生教学活动的主要工具和基本依据，因而教材建设成为全面提高教学效率与质量的关键因素。充实和更新符合职业院校教学要求的教材库，对提高教学质量有重要的影响。

（3）教学方法与手段

教学方法是为完成教学任务而采取的办法，包括教师教的方法和学生学的方法，是教师引导学生掌握知识技能、获得身心发展而共同活动的方法。教学手段是指教学活动中用于传递教学信息的各种器材和物理载体。坚持改进教学手段，提高教与学的效果，实现以素质教育为基础、能力培养为本位、提高学生实践能力和职业技能为目的的教育教学。

（4）实践教学

实践教学是指学生加深对专业理论的理解，实现培养目标的一种实践活动。它是职业院校教学工作的重要组成部分。职业院校实践教学和理论教学平行而又相互联系，是相对完整的课程体系。实践教学是使学生逐渐形成基本实践能力与操作技能、专业技术应用能力与专业技能、职业实践技能与综合职业能力的有机结合，并通过职业资格鉴定（职业技能等级认定）取得职业资格（技能等级）证书的实践课程体系。

目前，我国已建立了一套职业技术教育国家教学标准体系，这些标准的制定有助于人才培养水平与质量的提升。其中包括中等职业学校专业目录及专业简介、普通高等学校高等职业教育（专科）专业目录及专业简介、中等职业学校专业教学标准、高等职业学校专业教学标准、中等职业学校公共基础课程教学大纲、中等职业学校大类专业基础课程教学大纲、职业学校专业（类）顶岗实习标准、职业院校专业实训教学条件建设标准（职业学校专业仪器设备装备规范）等。

2. 培养模式

培养模式是对教育教学过程的谋划、设计、建构、管理。由于人才培养目标的特殊性，职业院校在人才培养模式上具有鲜明的特征。职业院校根据自身专业特点和区域经济发展形势，可以具有多种培养模式，充分体现不同的教学特色。职业院校要加强对人才培养模式的改革研究，改革的基本原则要坚持学历教育与技能教育相结合，理论与实际相结合，走校企合作、工学结合、产教融合的道路，体现做中学、做中教的职业技术教育特色。

上述各方面是对影响职业院校办学主要因素的分析。而在实际工作中，影响办学水平与教学质量的因素还有很多，如学生的学习态度、教师的工作态度和能力、学校的教学氛围等隐性因素也都产生着重要影响。

良好的教师队伍和一流的教学设施，并不一定能培养出一流的学生。学生应是培养工作中的主体，发挥学生的主观能动性，调动教师的积极性，也是提高教学质量的关键。由于这些因素在教学评估中很难量化，无法考核，因此要充分发挥教学管理的功能，建立起鼓励和激励机制，营造良好的教风和学风，确保学校教学工作的高效、高质。

教学质量的提高是一个连续的、渐进的、动态的过程。在这个过程中需要采用科学的方法，不间断地收集来自各方面的教学质量评价信息，及时反馈到各相关环节，然后根据评价结果，找出现存的问题，提出改进措施，从而对影响教学质量的因素实施有效控制，以促进教学质量的提高。

思考题

1. 职业技术教育体系的内涵与特点分别是什么？
2. 我国目前的职业技术教育体系是怎样构成的？
3. 我国职业技术教育体系是如何形成与发展的？
4. 简述职业技术教育保障系统。
5. 职业院校办学有哪些具体的微观影响因素？

本章主要参考文献

[1] 崔士民．职业教育学概论［M］．成都：电子科技大学出版社，2008.
[2] 顾明远．教育大辞典［M］．上海：上海教育出版社，1990.

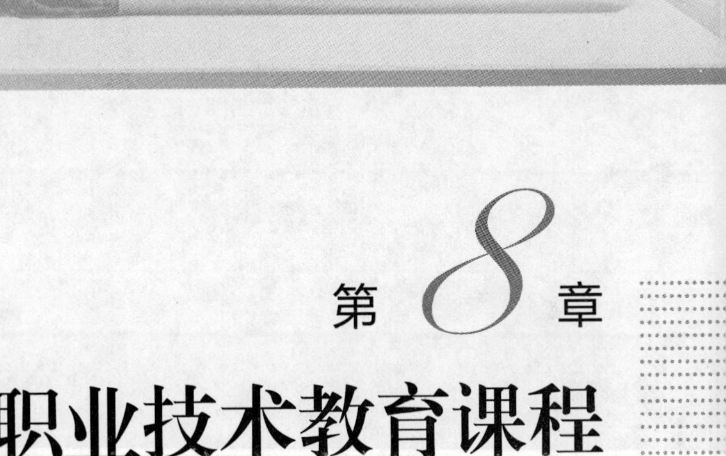

第8章 职业技术教育课程

第 1 节
课程内涵

一、课程概念

典型课程定义包括：①一整套教学内容和实施计划；②教学科目；③有计划的教学活动；④学习经验等；⑤教育教学目标等。

古代课程中有“六艺”的说法。六艺要求学生掌握六种基本才能。西周时期开始贵族教育的六个学科为礼、乐、射、御、书、数。春秋时期以后的六艺为诗、书、礼、乐、易、春秋，即后来所说的“六经”。这不仅是孔子自己从事教学活动所教的内容，而且在后来两千多年的封建社会中，长期成为儒家教育的经典内容。

欧洲中世纪的学科课程（七艺）包括文法、修辞学、辩证法、算术、几何、音乐、天文学。

课程类型从内容上划分，有基础课、专业基础课、专业课；从实施方式上划分，有理论课、实践课；从结构上划分，有必修课、选修课；从表现形式上划分，有显性课程、隐性课程。

职业技术教育课程即职业学校教育和职业培训环境中学生习得的各种经验。职业技术教育课程类型包括学科中心课程、问题中心课程、能力中心课程、活动中心课程等。

二、职业技术教育课程的特点

职业技术教育课程有别于普通教育课程，这是由职业技术教育特点与人才培养的内在要求所决定的。

（一）课程目标的职业指向性

职业技术教育是以就业为导向的教育。职业技术教育培养的人才都有具体行业、专业或工种的职业方向要求。因此，职业技术教育课程指向特定的职业岗位、工种或职业群。职业技术教育课程定位于专业学习和实践活动的同时，更需指向职业领域和相关岗位。职业技术教育课程开发需要行业企业参与和合作。

（二）课程内容的实践性

与普通教育不同，职业技术教育是为具体工作做准备的教育，突出技能训练与能力培养，旨在帮助学生获取职业行动能力，从而有效地完成职业工作任务，满足职业岗位所需。完成工作任务所依赖的知识大部分是职业行动知识，理论知识只有转化为实践知识，才能被应用到工作中去。学生的学习过程应尽可能与工作实践过程相结合。

（三）课程实施要求的多样性

与普通教育相比，职业技术教育课程实施条件具有相对较高的要求。例如，教师方面要求具备“双师型”素质，其实质是指教师既具备宽厚扎实的专业理论功底（普通学历证书），又掌握相当熟练的专业技能和丰富的实践工作经验（企业或生产一线工作经验）。为给学生提供充分实践的机会，职业技术教育课程需配备专门的实验、实训设备和建设专门的实验、实训场所。

三、职业技术教育课程文件与课程发展改革

（一）职业技术教育课程文件

1. 培养方案

培养方案是根据教育目的和不同类型学校的教育任务，依据国家相关部门所制定的有关教学和教育工作的指导性文件编制的。它对学校教学、生产劳动、活动等方面做了全面安排，具体规定培养目标、课程设置、考试考查要求、实施要求和课程管理要求等。

在基础教育领域，有国家统一颁布的课程计划。而在职业技术教育领域，由于专业众多，每个专业各有特色，多数专业是按照《教育部关于制定中等职业学校教学计划的原则意见》等文件自行制订具体课程实施方案；有的专业则是根据教育主管部门颁布的指导性的“专业教学指导方案”或“专业培养方案”等，编写具体实施的教学方案，包括“学期课程时间分配表”和“教学进程计划表”等。

培养方案体现了国家对学校教学和教育工作的统一要求，是编写各课程标准的主要依据，也是学校安排整个课程和检查、衡量学校工作与质量的基本依据。

2. 课程标准

课程标准是确定学校教育一定阶段的课程水准、课程结构与课程模式的纲领性文件。一个国家课程标准的制定，与其教育政策有关。

中华人民共和国成立初期颁布过小学各科和中学个别科目课程标准（草案）。中小学课程标准是按学段设计和颁发的，其结构一般包括总纲与分科课程标准两部分。总纲是关于一定学校课程的总体设计，它的正确制定对于分科标准的正确设计具有决定性作用。总纲包括课程设计的指导思想、培养规格、课程设置、学时分配、课程模式、考试制度、课程实施的要求和课程评价的部署。分科课程标准规定各科教学目标、教材纲要、教学的重点与难点、教学时间的分配、教学设备、教学方法和其他教学注意事项。1952 年以后，改用教学计划、教学大纲。现行的学校教学计划相当于课程标准的总纲部分，现行的学科教学大纲相当于分科课程标准。

在职业技术教育领域，课程标准主要由学校教师自行编制。它的编制格式一般分为三部分。

第一部分属于课程目标部分，指明本课程的性质是文化基础课、专业课，还是实践课等；规定本课程在实现培养目标的要求中的地位和作用及说明本课程与其他课程的关系；具体规定学生学完本课程后，在知识、技能和职业能力、态度等方面应分别达到什么程度等。

第二部分为课程内容，通常用“章、节、目”顺序或“项目、要求”顺序等列举本课程的主要内容、深度、广度等，并可用表格等形式注明每章或每个项目所需要的学时。

第三部分是一些说明性质的表述，表明需要的教材、教学参考书、仪器设备、考核形式、教学方法等（张家祥、钱景舫，2001）。

3. 教材

教材是教师和学生据以进行教学活动的材料，是教学的主要媒体。教材通常按照课程标准（或教学大纲）的规定，分学科门类和年级顺序编写。教材包括纸质教材（含教科书、讲义、讲授提纲、图表、教学参考书等）和数字教材。教材编写时要求妥善处理思想性与科学性，观点与材料，理论与实际，知识、技能的广度与深度，以及基础知识与当代科学新成就的关系。

（1）教材内容要素

1）构成知识体系的术语、事实、概念、法则和理论。

2）与技能和能力有关的各种技术、作业方式和步骤。

3）作为世界观基础的态度、观念，以及可以激发非认知因素的事实。

（2）教材编写必须注意研究的问题

1）在内容上，要根据课程计划和课程标准确定的教学目标和教学内容来确定教材的基本框架。这个基本框架不仅应包含知识体系，还应关注相关的态度，如动机、情感等内容，对于职业技术教育而言，则要突出技能、技术、职业能力、态度等内容。

2）在编写形式上，要根据学科特点和学生的学习心理，选择适当的教材编排方法，科学设计教材的结构和顺序，增强教材的可操作性、实践性。

3）注意研究教学方法和学习方法。教材的编写不仅要面向教师，关注教的需要，更要注重学习主体（学生）的需要，要体现对学习方法的指导。教材的编写正在由“教程式”向“学程式”发展。这是当代教材发展的新动向。

4）设计编写与教科书配套的参考材料，给师生提供进一步思考的线索。

5）教材的版式、印刷、装订等方面要符合卫生学、美学和心理学的要求（伍德勤，2004；徐英俊，2008）。

（二）职业技术教育课程改革

1. 第二次世界大战后世界职业技术教育课程发展状况（见表 8–1）

第二次世界大战后至 20 世纪 70 年代，由于人力资源供不应求，学校职业技术教育非常受企业欢迎，职业技术教育课程没有太多改革要求。20 世纪 70 年代前半期出现的石油危机，导致 20 世纪 70 年代中期至 20 世纪 80 年代初职业学校教育受到挑战，必须加强课程改革才能适应企业界、经济界的需要，同时职业培训受到重视。20 世纪 80 年代后期开始，国际上失业问题越来越严重，职业学校教育面临更多改革要求，因而包括企业培训在内的职业培训成为人力资源开发不可或缺的手段。职业学校教育需要与企业进行更多的合作，课程内容与企业实际所需更加贴近（石伟平，1997）。

表 8–1　　第二次世界大战后世界职业技术教育课程发展状况

阶段	时代特征	办学主体	发展重点
第二次世界大战后至 20 世纪 70 年代	人力资源供不应求，职业技术教育规模扩大	学校	职业学校教育
20 世纪 70 年代中期至 20 世纪 80 年代初	人力资源供过于求，由规模要求转向质量要求	学校为主的产学合作	职业学校教育与职业培训
20 世纪 80 年代后开始	失业问题严重，课程改革	企业为主的产学合作	职业培训

2. 当前职业技术教育课程改革的特点

当今世界，职业技术教育改革的核心问题是课程改革。为此，各国都普遍重视职业技术教育课程建设，加大课程改革力度，并以此为改革的突破口，引领职业技术教育的整体改革，以不断提高职业技术教育质量。当前所开展的职业技术教育改革主要体现如下几个方面的特点。

（1）注重校企合作、产学合作

以“产学结合”为主导，全社会广泛参与、密切配合，积极开展课程开发、文件编制和课程实施工作。影响职业技术教育发展的重要因素是学校与产业界的合作关系。社会各界广泛参与和密切配合，这是职业技术教育课程社会化的必然要求。

（2）以职业岗位分析为出发点

职业技术教育课程开发的出发点是以职业岗位分析为基础，目的是以就业为导向。任何职业技术教育课程建设，都要从职业岗位分析出发，职业岗位需要什么样的知识、技术、能力与素质，则课程就要提供什么，只有这样才能符合“就业导向”，更好地服务于特定职业岗位或技术领域，为生产现场培养技术技能型人才。

（3）突出模块化、综合化

虽然各发达国家课程模式整体上各具特色，但具体到一些微观方面，则又有一些重要趋同。例如，采用明显区别于普通教育强调知识系统性的学科化、分科化的课程，在专业课程方面普遍采用针对岗位的模块化课程和综合化课程。通过不同模块的灵活组合，有针对性地培养学生多方面的技能；通过加强课程综合化，减少不必要的理论知识、技术重复，并增强学生综合能力。

（4）增强课程的选择性并对接职业技能等级

各国普遍强调要灵活地设置课程，增加选修课比例，提供富有个性化特点的课程，为学生发展提供多种机会，并强调学生发展的自主性。

为利于学生进入高年级后可以根据职业岗位需求情况，初步确立就业的职业岗位，并选修与职业岗位技能相应的课程，以便获得职业资格（技能等级）证书，各国普遍强调课程设置与职业资格（技能等级）对接。

（5）课程内容加强发展性

职业技术教育已不是“终结性”教育。尤其是快速更新的技术，不断更换的岗位，对从业人员的素养有了新的要求，即需要具备富有弹性的、可广泛迁移的职业能力，同时还要为以后的进一步发展奠定基础，这就需要更为宽厚的普通教育，从而在一定程度上导致职业技术教育普通化和职业技术教育上移化的发展趋势。为此，各国都注意突出职业技术教育课程内容的基础性，重视普通文化基础教育，为学生终身发展服务。

四、职业技术教育课程结构

（一）“三段式”课程结构

“三段式”课程在我国职业技术教育课程模式中占主导地位。“三段式”课程的基本结构为文化课、专业基础课和专业课三段（黄克孝，2001）。有的把专业基础课和专业课统称为专业理论课，然后再加上实践课，形成文化基础课、专业理论课和实践课。

“三段式”课程注重学科体系的完整性，学科中心的倾向明显，相对忽视各学科知识的实际运用，无法在工作岗位上解决所遇到的实际问题，易造成理论与实践脱节。

（二）“单元式”与“多元式”课程结构

1.“单元式”课程结构

如图 8–1 所示，“单元式”课程结构是指一年级为文化基础课学习，二、三年级围绕某一专业进行课程学习，学习内容聚焦于某一专业之内，相对比较单一。

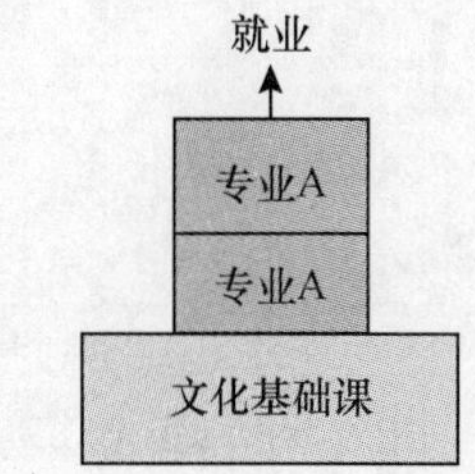

图 8–1　“单元式”课程结构

2.“多元式”课程结构

如图 8–2 所示，“多元式”课程结构是指一年级为文化基础课学习，二年级开始围绕两个或两个以上专业内容进行课程学习，学习内容不局限于某一专业之内，相对“单元式”课程结构来说，所学内容要宽泛。在三年级，如果只聚焦于一个专业学习，整体上就如同金字塔形，被称为金字塔式课程结构；如果三年级仍然沿着二年级所涉专业进行课程学习，此结构被称为平行式课程结构。

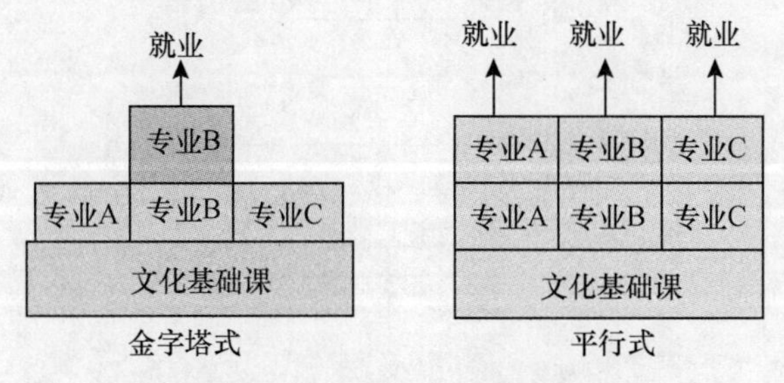

图 8–2　“多元式”课程结构

（三）“多工种式”课程结构

如图 8–3 所示，“多工种式”课程结构是指一年级学习文化基础课，二年级进行两个专业方向的课程学习，三年级围绕二年级的两个专业方向，根据实际所需结合相关职业工种进行具体课程的学习。

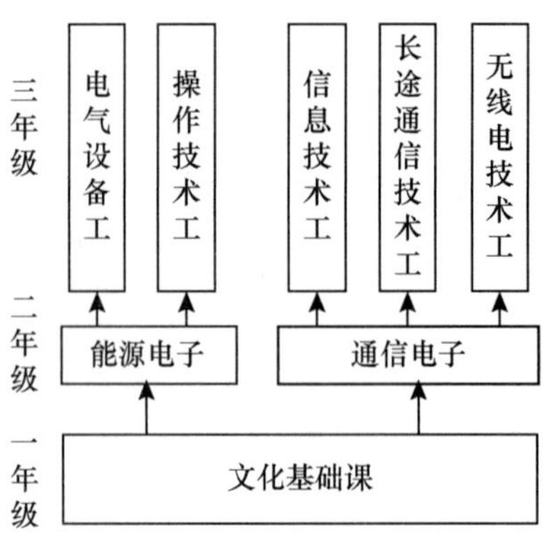

图 8-3 “多工种式”课程结构

（四）“阶梯式”课程结构

如图 8-4 所示，一年级注重文化基础课学习；二年级缩小课程学习的广度，重视专业课的学习；三年级继续压缩学习范围并加深课程难度，进行职业专长课学习。在内容上存在递进深入的关系，整体上如同阶梯一样，因此这样的课程结构被称为“阶梯式”课程结构。

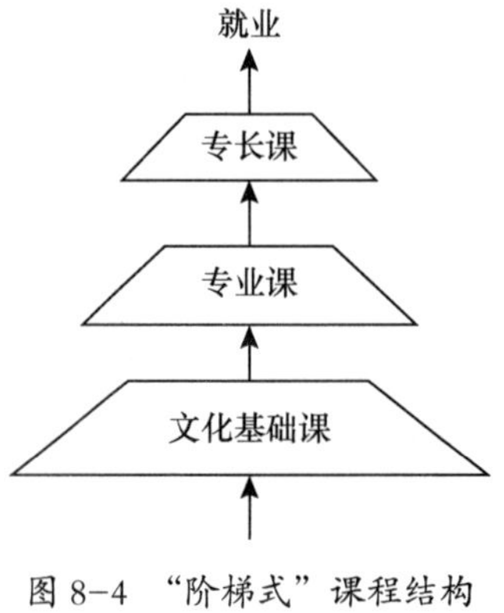

图 8-4 “阶梯式”课程结构

（五）“系列化”课程结构

如图 8-5 所示，“系列化”课程结构是指把教育内容从态度、知识和技能三个不同维度进行划分，并依据各自内在特点和教育教学要求，在各年级分别进行选择、组织和评价相关内容，同时以此为基础进行相应的课程实施。

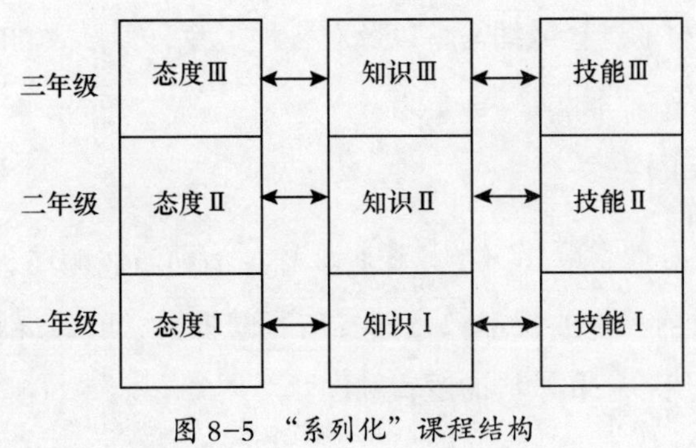

图 8-5　“系列化”课程结构

五、职业技术教育课程的研究领域

美国课程论学者拉尔夫·泰勒在其《课程与教学的基本原理》中列出了课程研究的基本内容：学校应该追求哪些教育目标；我们应该提供哪些教育经验才能实现这些目标；这些教育经验如何才能有效地加以组织；我们如何才能确定我们正在实现这些目标。除了上述内容外，课程的研究内容还应增加课程实施这一内容。因此，本书把职业技术教育课程的研究领域分成五个部分：确定课程目标、选择课程内容、组织课程内容、课程实施和课程评价。

（一）确定课程目标

课程目标是课程的预期学习结果，即学完某个专业或某门课程之后，学生将要达到或获得的知识、技能、态度等。确定课程目标的来源有多个，如学习者自身的素质、用人单位的需求、学科专家与课程专家的建议、国家和地方的教育方针政策、学校所具备的条件等。

（二）选择课程内容

根据课程目标的要求，选择能达到这些目标的知识、技能、态度等内容。职业分析是职业技术教育课程内容选择的主要方法。职业技术教育课程内容的选择将根据任务目录进行，包括教材的选择或编写，以及对各种实验、实习活动的选择与取舍。

（三）组织课程内容

课程内容可以按心理学顺序、学科逻辑顺序、活动自然顺序、学生的学习背景和兴趣等进行组织。目前，职业技术教育课程内容的组织受前面提到的职业分析影响，更多地关注活动的自然顺序和学科的逻辑顺序。

（四）课程实施

课程实施就是将选择并组织好的内容付诸实践。课程实施不仅要求教师要注重新的教学方法与教学手段，而且对职业院校实验实训设施与场所、企事业单位所提供的实习实践资源也提出较高要求。

（五）课程评价

对所实施的课程进行评价，一方面可确定课程达到目标的程度；另一方面可提供反馈，为课程的进一步完善与改进提供必要的依据。评价可分为内部评价与外部评价。内部评价是指学校对课程制定过程、课程实施过程、课程目标达成度、课程体系的完整性进行评价。外部评价是指由校外机构根据学校所培养出来的人才规格对课程进行评价。评价机构可以是政府部门，也可以是用人单位或社会中介机构。

六、知识本位课程概况

过去知识本位课程在职业技术教育课程中居于主导地位。当前的职业院校课程中，知识本位课程仍然存在，甚至在未来也是有其存在价值的。基于知识本位课程自身的特点，从某种程度上来讲，在职业技术教育中完全摒弃知识本位课程也是存在问题的。

（一）学科课程

1. 学科

学科是指一定科学领域或一门科学的分支。英国学者赫斯特认为，学科具有如下特征。

（1）在性质上属于该学科特有的某些中心概念。

（2）蕴含逻辑结构的有关概念的关系网。

（3）存在一些隶属于该学科的独特的表达方式。

（4）用来探讨经验和考验其独特表达方式的特殊技术和技巧。

2. 学科课程

学科课程亦称“分科课程”，是以文化遗产为基础组织起来的传统的课程形态的总称。它由一定数量的不同学科组成，各门学科各具固有的逻辑和系统。这种课程有悠久的历史，中国古代的六艺、欧洲中世纪的七艺是最早的学科课程。

（1）学科课程的特点

1）可以系统地传授文化遗产的相关内容。

2）可以最大限度地发展智力。

3）兼顾科学的系统、学习心理的规律和学习者的水平。

4）易于修订，学习成绩易于考查。

（2）学科课程的不足

1）所提供的内容注重逻辑系统，重记忆而轻理解。

2）学科编制方法和教学方法不能将学生经验视为起点，也不太重视培养学生学以致用的能力。

3）学科课程形式强调学习的细节，很少注意主动的思维过程发展；不能有效地注意知识的迁移和不同领域之中概念与事实间的关系。

4）学科编制限制了知识的范围，不具备包容性，妨碍多重目标的追求。

20 世纪 80 年代以来，各国的课程改革注重改进学科课程的设计。第一，保持学科课程的特点，但在内容选择上增加社会生产、生活需要的学科知识，内容的展开适合学生身心发展的水平。第二，在以科学文化知识为主体的同时，也重视吸取促进人的能力发展的材料。第三，加强各学科教学内容之间的联系。

（二）知识本位教学

知识本位教学是指以传授经验、知识为主的教学形态。它的特点是以学科课程为主，辅以一定的活动课程，偏重理论知识的完整性、系统性和严密性，忽视理论知识的实用性和实践性。知识本位教学是一种只关注学科发展的教学，主张教学的目的是促进学科的发展，培养学科的后备人才。

1. 重视学科知识教学，忽视学生情感发展

在知识本位的指导下，教学只要求学生记忆、理解学科知识，而很少关注学生思想、心理和情感的变化，因此知识本位教学可以说是一种缺乏人情味的教学。

2. 重视学科知识传授，忽视学生道德培养

在这样的教学中，教师只是将传授课本上的知识作为自己的职责，而忽视了对学生道德、人格的培养。

（三）学科中心教学设计

学科中心教学设计将取自各学科领域的知识内容，围绕各自的逻辑体系组成学校课程，并以知识传授为目的。现有的学校组织形式、环境设备、教材教具、教师的培训方式、学业成就的评价方式等，一般都是按照学科中心设计的要求进行组织的。学科中心教学设计存在如下一些缺陷。

1. 倾向于割裂知识，从而割裂了学生对知识的理解，课程的“水平组织”缺乏整体性和内在联系性。

2. 脱离现实世界所关注的事物和正在发生的事件。

3. 没有恰当考虑学生的需要、兴趣和经验，没有为学生的学、用而有效地安排课程。

4. 课程的目标范围狭窄。

第 2 节 职业技术教育课程理论与开发

一、能力本位课程理论与开发

（一）能力本位课程理论

“能力”定义为：直接影响活动的效率和使活动顺利进行的个性心理特征。能力是一种内化了的个体品质，能够在相关的职业活动中得到外化，内在的变化和外显的行为有时是一致的，有时则不完全一致，必须经过多次观察和测量才能对内在的变化做出恰当的推测。

知识本位的教育以客观世界为目标，忽视了学习是个体的内在变化，一个时常出现的现象是学生记住了大量的公式、定律，但不会运用；能力本位的教育则把影响活动进行的个体内在品质即能力作为教育目标，把教育目标指向受教育的人本身。能力和知识有着密切联系，一方面，能力是在掌握知识的过程中形成和发展的，离开了学习和训练，任何能力都不能发展；另一方面，掌握知识又是以一定的能力为前提的，能力制约掌握知识的快慢、深浅、难易程度。

围绕工作岗位所要求的知识、技能和能力组织课程与教学，是把培养学生的职业能力作为职业技术教育根本目的的教学体系。

20 世纪五六十年代，随着系统科学、行为科学的发展，美国教育家布卢姆提出教育目标分类学说。20 世纪七八十年代，教育心理学关于有效地教与学的研究取得较大进展。此后，能力本位教育（competence based education，CBE）思想和方法得到重视，并发展成为比较完整的教学体系。

（二）三种不同的能力观

1. 任务本位或行为主义导向的能力观

能力是个人完成一个目标或一项任务所具备的条件，可分解、可测量，表现为一系列相对孤立的行为。这些行为与完成一项项被细致地分解了的工作任务相联系。这种能力观对操作性强的工作的确很适合，它使目标具体化，能提高培训的效率，易于控制学习过程和进行评价。

2. 一般素质导向的能力观

这种能力观将能力视为普遍适应的一般素质，认为一般素质对于有效的操作行为是很重要的，一般素质是掌握具体任务技能的基础，也是促进个体能力迁移的基础。知识、分析与综合能力、批判思维能力、创造力等一般素质，能普遍应用于许多不同的工作情境或工作环境之中。

一些所谓的关键能力、基本技能、现场技能、知行技能、必要技能等，名称虽不同，但均指那些可广泛迁移的能力，如创造能力、学习能力、批判思维能力等。

3. 整合的能力观

这种能力观将一般素质与具体的工作情境结合起来，视能力为一种复杂的可分为不同等级水平的素质结构，具有一定的合理性。能力本位课程是一种企业专家导向的课程，其课程开发主要由产业界的权威代表来做决策，只有产业界代表才能把握职业岗位现在与未来对于其从业者的能力要求。在这一过程中，要求有一定的教育专家参与，以便加深对各项能力的理解。

（三）能力本位课程开发

1. DACUM 课程开发模式

DACUM 是 develop a curriculum 的缩写，是指一种职业技术教育课程开发模式。在能力本位教育体系中，它仅指一种职业能力分析的过程和方法。这种模式源于加拿大，现在广泛应用于北美和世界其他地区。

其指导思想是：课程开发的出发点是就业环境而不是教育专家的观点；学校制定

教学目标和编制课程必须以职业岗位所要求具备的能力为依据，而这种依据应来自从事某职业的专家所做的客观、真实的职业分析。课程开发的步骤如下。

（1）建立 DACUM 委员会

由雇主、在某职业领域有多年工作经验的优秀从业人员和课程开发专家组成，人数为 8~12 人。

（2）进行工作分析

将一项职业工作划分为若干个职责，再将每个职责划分为若干项任务，从而确定对应于每个职责的综合能力和每项任务的专项能力。

（3）制作 DACUM 表

将上述综合能力和由此分解而成的专项能力纵横排列，形成一张用途广泛的 DACUM 表。

（4）进行任务分析或专项能力分析

用文字叙述 DACUM 表上每一项专项能力所要求达到的最终表现目标，将每一项专项能力分解为 6 个方面的能力要素：步骤或活动，相关知识，工具、设备和材料，工作态度，问题，行为标准。

（5）进行教学分析和设计

由学校的教育专家、教师组成教学分析委员会，根据上述工作成果进行教学分析，从而确定学习单元（或模块），再由学习单元（或模块）构成课程。

此模式适用范围较广，从短期职业技术培训到两年制、三年制职业院校教育都适用。这种模式开发的课程职业针对性强，适合培养上岗能力，但在应用时应注意适当拓宽知识面以增强适应能力。

2. MES 课程模式

MES 是 module of employable skill 的缩写，是指模块式技能培训模式。MES 课程模式是国际劳工组织（International Labour Organization，ILO）于 20 世纪 70 年代开发的一种职业技能培训课程模式，旨在使受训者用最短的时间和最有效的方法学到技能。MES 广义上是指一种培训系统或培训模式；狭义上是指用一组模块表示的工作规范，即就业技能的模块组合。MES 课程结构如图 8-6 所示。

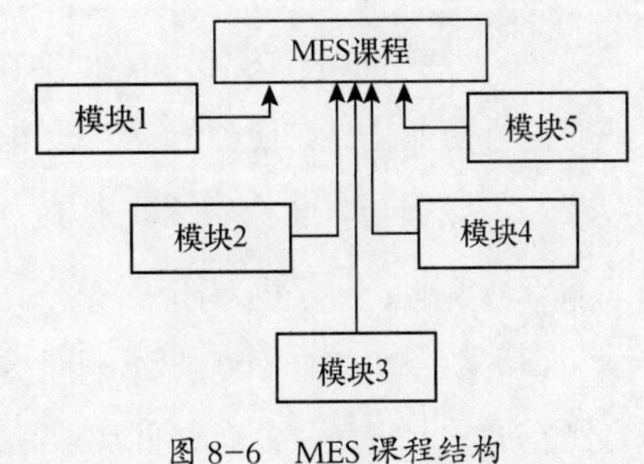

图 8-6　MES 课程结构

模块与学习单元是 MES 课程模式的核心概念。模块是指在某一职业领域、工种范围内，将一项具体工作按照实际工作程序或工作规范划分而成的工作要素。例如，建筑工程中的混凝土施工可分为混凝土搅拌、浇筑、修光抹平、养护四个模块。一个模块又由若干学习单元组成，如图 8–7 所示。

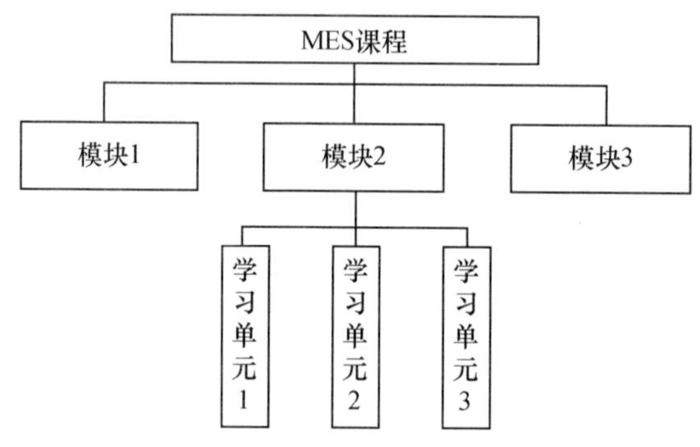

图 8–7　模块与学习单元的关系

学习单元在形式上是指实施培训的、各自独立而又内容相关的教学单元，实质上是一种微型课程。每个学习单元包括学习目标、学习内容和进度检查。

MES 课程模式以行为主义心理学和活动分析课程理论为基础，主张以学生为中心、由学生自我调节学习进度，对教师强调指导，对学生强调做中学。

MES 课程开发与运行过程是一个完整的系统工程，主要步骤包括：培训需求分析；工作任务分析（以模块表示工作规范）；每个模块的技能分析；为每个模块确定学习单元；为每个模块设计实施的技能考核方案；开发 MES 培训大纲；开发 MES 学习材料（学习包或学习套件的汇编）；为实施 MES 培训大纲确定战略和资源；实施 MES 培训大纲；实施考核；评估与反馈。MES 课程模式具有系统性、针对性、经济性、灵活性等特点。中国于 1987 年由劳动部引进 MES 课程模式，并逐步在全国推广。

3. 能力本位课程的特点

（1）教学目标行为化，要求每个目标明确地陈述：学生学完以后能进行何种操作或有何行为变化；在何种情境下操作行为；评价行为的最低接受标准是什么。

（2）课程与教学内容以职业能力分析表为基础，符合劳动力市场的需求，学生毕业后容易就业，能学以致用。

（3）教学传授系统个性化，即承认学生入学前已有的知识、能力水平，允许学生自己掌握学习进度，并允许重复学习直至掌握某学习单元之后，再学习下一个单元。

（4）使用统一的评价标准衡量学生的能力水平，评价结果的反馈及时、高频率。

（5）以学生的自主性学习活动为主，教师成为管理者和咨询者，师生的责任比较明确。

（6）最终使学生都能达到预定的熟练程度和综合职业能力水平。

二、学习领域课程理论及实践

在教育体系中，职业技术教育与经济发展关系最为密切。职业技术教育的课程改革与发展依赖于企业与社会所提出的要求。20 世纪 90 年代以来，德国企业、社会和个人发展要求直接影响着职业技术教育改革和发展。自 1996 年以来，德国职业技术教育领域开始实施学习领域理念的课程改革，反映经济、社会和技术的发展变化要求。

（一）学习领域课程理论及特点

1. 学习领域课程理论背景

最早在 1993 年，德国各州文教部长联席会议所属的专门委员会提出对职业技术教育课程方案进行修订，随后在征求各州课程开发研究所和许多学者的建议和意见的基础上提交了以学习领域来组织课程的方案，通过面向工作过程的新课程来持续提高专业技能人才的职业行动能力。

经过 3 年时间的教育政策讨论，各州文教部长联席会议于 1996 年 5 月 9 日颁布新的课程编制指南，以学习领域课程方案取代沿用多年的以分科课程为基础的课程方案。学习领域课程方案的实施是由政府要求、自上而下的一场课程改革。根据学习领域课程方案，职业技术学校将不再以传统的学科体系来组织教学，而是基于以工作领域为指导的学习领域来建构。工作领域、学习领域与学习情境的关系如图 8-8 所示，工作领域是学习领域的根本依据，学习领域主要通过学习情境来满足工作领域的需要。

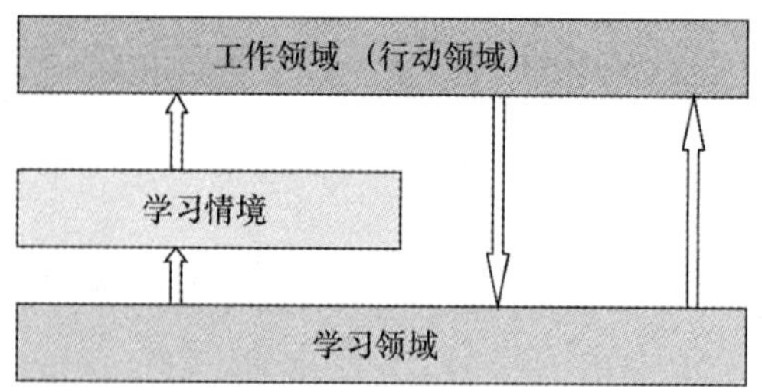

图 8-8　工作领域、学习领域与学习情境的关系

2. 学习领域的内涵

（1）工作领域

人们在工作中必须应对各种各样的问题，随着技术与社会的发展，解决这些问题的办法也越来越综合与复杂。

（2）学习领域

这是一个跨学科的课程计划，是案例性的，是经过系统化教学处理的行动领域。每个学习领域都是一个学习课题。通过一个学习领域的学习，学生可以完成某个职业的一个典型综合任务。通过若干个相互关联的学习领域的学习，学生可以获得某一职业的从业能力。

（3）学习情境

这是一个案例化的学习单元，它把理论知识、实践技能与实际应用环境结合在一起，是学习领域的具体化。学习情境既是教师引导学生主动学习的教学安排，又是学生对职业行动情境的反思。

（二）学习领域课程特点

1. 学习领域的三个层次

德国有专家建议，学习领域可以划分为三种不同层次。第一种为基础学习领域，它整合不同学科（技术、经济、生态、法律、社会等），主要涉及学科知识和基本原理方面的内容。第二种为实践迁移学习领域，它选择传统与现代劳动组织和实践方面的内容，主要采用工作现场的模拟形式来学习。第三种为特定职业相关的学习领域，除了提升职业行动能力之外，主要还涉及体验、反思、社会价值和文化方面的学习，包括工作方式、沟通方式、行为举止、精神、语言、企业文化和职业道德。

2. 基于情境原则与人本原则

传统的课程是建立在学科原则基础之上的。学科原则主要按知识的内在逻辑关系来组织和安排内容。而学习领域课程主要是以情境原则和人本原则为基础的。情境原则强调要在真实或模拟的工作场景中组织教学内容，且学生在情境中是真正的学习主体，体现人本原则。同时，学习领域课程并不排斥学科原则，只是学科知识体系被重新安排在学习情境之中。

3. 跨学科的课程内容

传统的学科课程是分科课程。单一的课程内容强调知识的系统性和基础性，课程之间相对独立，互相之间缺乏综合和联系。学习领域课程是跨学科课程，主要基于工作过程或工作情境来组织学习内容，这有别于传统的学科课程，学习领域课程强调知识的综合和实际的应用。

4. 学习情境的建构

学习领域课程实施的关键是学习情境的建构。从工作领域分析入手，确定若干个学习领域，每个学习领域又由若干个学习情境构成。从学习领域（行动体系）和学科课程（学科体系）两个角度来确定与专业相关的知识，结合教育教学理论，选择和确定复杂的学习情境（即学习内容）。学习情境的建构过程事实上就是学科体系知识解构与行动体系知识重构的一个过程。

（三）学习领域课程实践

1. 基于工作过程分析——学习领域课程开发的关键路径

实践性知识也称主观知识，是指个体在实践基础上通过自己的经验积累总结和概括所获得的知识，包括人们由经验产生的直觉、技能等。它具有与情境相关但不明确的特点。理论知识也称客观知识，是指外在信息的表述，如定理、公式等。它具有与情境无关、与科学相关，并为实践验证等特点。工作过程知识是在工作过程中直接需要的知识，常常是在工作过程中直接获得的知识（包括理论知识），具有与情境相关、以实践为导向、明确等特点。

工作过程知识是学习领域课程方案开发的主要内容，通过工作过程知识的学习来提高职业行动能力。工作过程知识是主观知识和客观知识的整合。工作过程知识、实践性知识及理论知识的关系如图 8–9 所示。

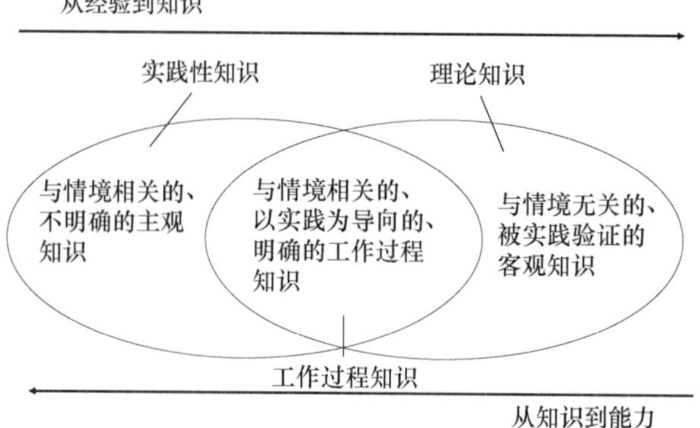

图 8-9　工作过程知识、实践性知识及理论知识的关系

学习领域课程方案是以培养学生建构工作世界的能力为主要目标的，而这是以理解企业的整体工作过程和经营过程为前提的。因此，工作过程知识自然成为学习领域课程方案的主要内容。

通过典型的工作任务，学生可以概括性地了解职业的主要工作内容。学习情境设计的关键是选择典型的工作任务，将典型的工作任务进行教学化处理。工作过程中的学习有利于揭示技术与工作任务之间的关系，让学生在一个完整的工作过程中理解每一个工作任务，从而有利于培养学生的职业行动能力。

2. 课程实施的相关理念

实施学习领域课程要基于五个方面的具体理念，即行动（工作）导向理念、职业行动能力理念、行动导向的教学理念、学科课程的整合理念、团队协作理念。

3. 行动导向的内涵

行动导向内涵包括三个层次：①教育政策层面，以此确立为教育努力的方向；②课程与教学组织层面，其内容结构和组织要采用人本原则、学科原则和情境原则；③教学实施层面，要形成行动导向的课堂形式。

4. 行动导向的课堂教学

行动导向课堂教学具有五个方面的特征，即发展个人兴趣、自我引导、结果展示、合作共事、与生活现实相关。

在学习情境中，学生主要通过职业行动来学习。职业行动尽可能由学生来独立计划、实施、检验、修正和评价。这些职业行动有助于对职业现实的整体理解和掌握，与学生的亲身体验相结合，并能体现社会环境的影响。

5. 学科课程的整合

学习领域课程方案要求对学科领域课程进行整合，开发跨学科的职业行动体系课程。学习领域课程方案是根据职业的典型工作任务开发出来的，每一个学习领域都针对一个典型的工作任务。工作任务分析要求对与具体工作任务相关的工作过程、工作内容、工作方法、工作要求、劳动组织、劳动工具、与其他工作任务的关系等进行分析，从中找出符合职业的技术知识和工作过程知识，并以工作任务为核心组织技术知识和工作过程知识。

6. 小组协作

小组协作对于学习领域课程组织和实施十分重要。小组协作包括教师小组协作和学生小组协作。学习领域课程由于是跨学科的职业行动课程，因此其课堂教学需要多个教师参与共同备课、实施和评价。

7. 学习领域课程实施

建构学习情境的关键是按职业行动体系来选择和组织复杂的教学内容。学习领域课程实施涉及三个层次，如图 8-10 所示。宏观层面涉及课程框架开发，由教育管理部门制订相关课程框架开发方案；中观层面主要由各学校自己来制订具体可执行的课程方案；微观层面是课堂教学实施，主要涉及相关科目教学内容的组织与安排。

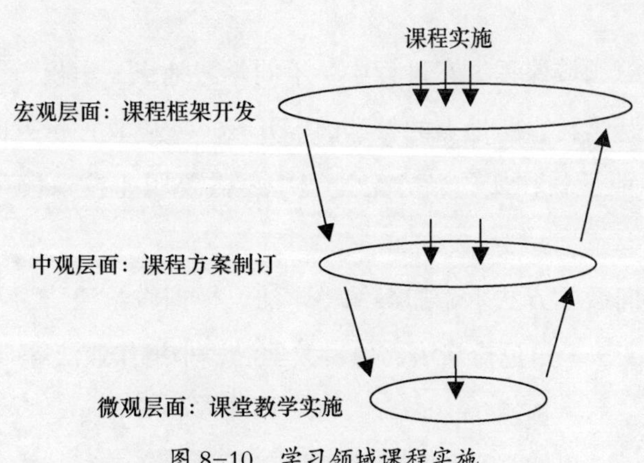

图 8-10　学习领域课程实施

8. 课堂教学中的新学习文化

在学习领域课程和教学的实施过程中，需要建构新学习文化。这一新学习文化所采用的学习方式主要包括建构主义的学习、学会学习、自我控制学习、合作学习和个性化学习。

采用这些方式的目的在于：知识要能灵活运用，而不是被动地接受；能力主要表现为关键能力，包括社会能力、方法能力和跨专业能力；在价值观上，能获得个体道德评价能力、文化价值观等。此外，媒体技术在新学习文化建构中起到重要作用。

（四）学习领域课程的改革经验

1. 主要优点

与传统学科课程相比，学习领域课程方案具有如下一些优点。

（1）在目标设定上重视学生在自我学习、自我管理和社会性学习方面能力的培养，能促进学生的思维发展。

（2）教学内容从数量上、结构上减少了重复，教学方法更趋灵活。

（3）适应新兴专业的不断变化和企业的人才需要。

（4）学校在教学上有更多的活动空间，可以形成自己的特色。

（5）适应经济全球化的发展和终身教育的理念。

（6）调动教师对陈旧的教学大纲、教学计划进行改革的积极性，激发教师的创新精神。

2. 实施经验

（1）在实施学习领域课程方案过程中，不同学习地点（学校与企业）之间的合作起着关键作用。在跨学科、跨地点的教学内容开发、实施、评价方面，两者的合作非常重要。同时，职业学校在实施新方案过程中，需要职业技术教育专家的指导和帮助。

（2）在行动导向教学方法上［如案例教学法、模拟教学法、演习法、心灵地图法（思维导图）、引导文法、角色扮演法、项目教学法、小组作业法等］，教师需要更多的训练。

（3）在考试方面，要加强行动导向成绩评定，要改变考试结构，要强化学生的社会能力、小组合作能力的考核。

（4）课堂不再仅是传统的教室，实施学习领域课程的新型教室包括专业综合教室、工作岛、专业综合实验室、项目教室、专业学习室，以及按照工作过程来配置相关场所。

（5）师资的培养培训非常重要。实施学习领域课程，需要对教师开展长期持续的培养培训工作。在培养师资时，必须为学习领域方案做好准备，特别是从学习领域到教学单元的转换过程。

思考题

1. 职业技术教育课程主要有哪些特点？

2. 职业技术教育课程文件包括哪些内容？

3. 职业技术教育课程改革的特点是什么？

4. 职业技术教育存在哪些课程结构？

5. 知识本位课程的特点和存在的问题分别是什么？

6. 能力本位课程的特点是什么？如何进行开发？

7. 学习领域课程的特点是什么？

本章主要参考文献

[1] 张家祥，钱景舫．职业技术教育学 [M]．上海：华东师范大学出版社，2001.

[2] 伍德勤．高师教育学教程新编 [M]．合肥：安徽大学出版社，2004.

[3] 徐英俊．职业教育学 [M]．哈尔滨：东北林业大学出版社，2008.

[4] 石伟平．战后世界职教课程发展的基本走向与变革趋势 [J]．外国教育资料，1997（4）：63-67.

[5] 赵志群．职业教育与培训学习新概念 [M]．北京：科学出版社，2003.

[6] 谭移民，钱景舫．论能力本位的职业教育课程改革 [J]．教育研究，2001（2）：54-60.

[7] 成光琳．德国职业教育课程改革给我们带来的启示 [J]．职教论坛，2005（3）：61-62.

[8] 谢兵．“学习领域”课程改革的探索与实践 [J]. 职业教育研究，2007(5)：146-147.

[9] 徐涵．职业教育学习领域课程方案对教师的新要求 [J]．教育与职业，

2007（5）：49-51.

［10］李津军．德国职教改革：瞄准学习领域［J］．世界职业技术教育，2006（5）：19-21.

［11］黄克孝．职业和技术教育课程概论［M］．上海：华东师范大学出版社，2001.

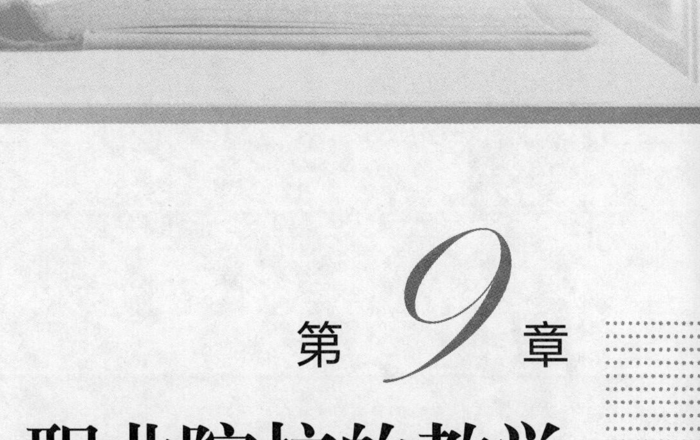

第9章 职业院校的教学

第 1 节 教学分析

一、职业院校教学的特点

（一）职业院校教学目标以能力为本

职业技术人才应有的综合职业能力和素质应该通过不断深化教学改革来加以培养和造就。许多发达国家在实施教学过程中，采用许多先进的教学模式与方法，以达到实现人才培养目标的要求，如德国的“双元制”、加拿大的 CBE（能力本位教育）等。人才培养规格的多样化要求职业院校教学必须具备与传统教育、普通教育不同的特点；人才个性化特点的培养，也要求职业院校的教学必须是开放的、灵活的、多样的，充分体现对个性、人格的尊重。

（二）职业院校教学理念注重实践导向

职业院校的教学理念是坚持理论与实践的紧密结合，在整个教学过程中突出实践环节。这是职业技术教育教学与普通教育教学明显不同之处。在职业院校教学过程中，除了要求学生学习必要的基础理论之外，尤其重视引导学生提升实践能力、动手能力，并使之逐渐形成一种熟练的技能。有些岗位甚至要求学生在完成学业之后，就能顶岗操作、直接参与生产。职业技术教育的教学原则体现了一种科学的世界观和认识论，体现了理论—实践—再理论—再实践的客观过程。

（三）职业院校教学方法丰富多样

由于职业院校教学有多种类型，包括理论教学、实践教学、生产实习、创业创新教学等。这同时决定了教学方法的多样性。各类教学所适合的方法具体如下。

1. 理论教学方法

适合理论教学的方法包括讲授法、谈话法、演示法、提问法、讲读法、讨论法、阅读指导法、计算机辅助教学法等。

2. 实践教学方法

适合实践技能教学的方法包括项目教学法、角色扮演法、模拟法、案例法、实验法、观察法、调查研究法、专题教学法等。

3. 实习教学方法

适合生产实习教学的方法包括参观教学法、现场教学法、实习操作法、师傅带徒法、练习指导法、产教结合法等。

4. 创业创新教学方法

适合培养创新与创业能力的方法包括角色扮演法、设计教学法、顶岗锻炼法、项目教学法、职业指导法，以及使学生在新的情境中进行创造性活动的各种方法。

二、职业院校教学的发展趋势

（一）实践教学

除了文化课和理论课教学之外，职业院校更为重要的教学当属实践教学，包括实验、实习、设计、考察、社会调查等。它旨在使学生获得感性知识，掌握技能、技巧，培养理论联系实际和独立工作的能力。实践教学通常在实验室、实习场所等一定的职业活动情景下进行，作业按专业或工种的需要设计。教师根据不同作业、不同个体进行分类指导；学生采取学和做相结合的方式学习。学生独立完成作业的质量是衡量其学习成绩的主要依据。实践教学在教学计划中所占时数约为总时数的 1/2~2/3，是职业技术教育的主要内容。其效果在很大程度上取决于学校实验、实习等有关设施的完善水平，以及社会对学校实施这种教学所提供的条件和教师自身的实践能力。

（二）理实一体化教学

理实一体化教学类似于陶行知所倡导的生活教育理论中教学做合一的教学思想。

理实一体化教学就是在专业课程教学中要强调理论与实践相结合，以学生动手参与为主，教师起到指导、帮助作用。学生在学习中学习理论，在动手实践的同时应用理论，以培养综合职业能力。理实一体化教学是我国当前和未来职业院校教师必须关注和使用的。这对于职业院校教师来说，不论是在教学能力还是在动手实践方面，均提出了新的更高的要求。

三、行动导向教学理论

行动导向教学旨在体现现代职业技术教育的教学目的。信息技术与技术密集型劳动市场的出现，知识更新加速、“知识爆炸”等局面的出现，使学生提高自学能力和解决问题的能力显得尤为迫切。行动导向的教学理论一方面表现了师生之间互动的形式，另一方面证明这是一种传递现代教学内容的新手段，是引导学生学会学习的最佳途径之一。

行动导向在职业技术教育教学中意味着：知识的传授和应用取决于行动导向的学习组合，具体指学习目标、学习内容、学习方法和教学媒体使用方面的重新组合。行动导向教学最核心的目标就是学生个体行为能力的培养。个体行为能力由专业能力、社会交往能力、伦理道德反应能力、思维能力等组成。在德国双元制职业技术教育研究中，人们又把“行动导向教学方法”比作“双元制职业技术教育的内部革新”（马庆发，1997）。

20 世纪 80 年代出现的职业行动理论为学习领域课程方案提供了重要的教学理论基

础。职业行动理论包含两个维度，即社会维度和职业行动维度。个体的各种活动主要是在这两个维度之内展开的。

在个体的社会维度方面，个体所生活的社会环境包括个体与个体之间、个体与小组之间、个体与组织之间、个体与社会之间存在不同联系，个体充当着不同的角色，个体需要在整个生活过程中不断处理这些复杂的关系。

在个体的职业行动维度方面，个体的生存与发展依赖于所从事的职业，个体的整个职业发展应包括当前的工作领域、未来可能的工作领域（具体的与抽象的），也包括自然的活动领域与物质范畴。通过与这些领域或范畴所发生的联系，个体的职业行动和职业发展才能得以实现。

个体所接受的教育应基于上述两个维度所涉及的各种复杂关系或联系来进行设计和实施。依据职业行动理论的观点，学校教育中的传统教学模式必须进行改革。

与传统教学模式相对的是行动导向教学模式。行动导向教学模式既适用于普通教育，也适用于职业技术教育。实施行动导向教学改革，目的是培养学生的职业行动能力。在关键能力（即专业能力、方法能力和社会能力）基础上，职业行动能力由社会能力、专业能力和个体能力构成，并且这其中的每种能力还包含了另外三方面能力：方法能力、沟通能力和学习能力。后三方面能力对于个人的生存与发展也起着越来越重要的作用。

由于学习的目的是行动，因而教学的关键在于学习情境的创建，这对于职业技术教育改革至关重要。在学习情境中，学生主要通过职业行动来学习。这些职业行动有助于对职业现实的整体理解和掌握，包括技术、安全、经济、法律、生态、社会等方面的内容。在学习情境建构基础上，还要建设一种新的学习文化，强调学生基于建构主义的独立自主学习和自我控制学习，并重视小组合作学习和团队协作能力的培养。

行动导向学习具有如下特点：在一个完整的、综合的行动过程中思考和学习；以学习者为中心（与现实相关、激发兴趣、发展能力）；培养解决问题的能力和合作式学习方法；强调对学习过程的思考、反馈和分析。

行动导向教学与传统教学有着本质区别。行动导向是整合式的教学形式，学生不仅学习知识和技能，而且在学习情境中具体应用知识和技能，获得职业行动能力，从而彻底改变传统知识本位的被动学习方式。两者的差异见表 9-1。

表 9-1　　行动导向教学与传统教学比较

方法	行动导向教学	传统教学
教学形式	以学生活动为主，以学生为中心	以教师传授为主，以教师为中心
学习内容	间接经验和直接经验并举，在验证间接经验的同时获得更多的直接经验	以传授间接经验为主，学生通过某类活动获取直接经验，但其目的是验证或加深对间接经验的理解
教学目标	兼顾认知目标、情感目标、行为目标的共同实现	注重认知目标的实现
教师作用	教师不仅是知识的传授者，更是学生行为的指导者和咨询者	知识的传授者
传递方式	多向的，教师可直接根据学生活动的成功与否获悉其接受教师信息的多少和深浅，便于指导和交流	单向的，教师演示，学生模仿
参与程度	学生参与程度很强，其结果往往表现为学生要学	学生参与程度较弱，其结果往往表现为要学生学
激励手段	激励是内在的，从不会到会，学生在完成一项任务后通过获得喜悦、满意的心理感受来实现激励	以分数为主要激励手段，外在的激励
质量控制	质量控制是综合的	质量控制是单一的

第2节 专业教学论

职业技术教育教学论分支中的职业技术教育专业教学论（简称“专业教学论”）在我国还是一门新型学科，它与职业学校教师教学工作密切相关。目前，在我国职业技术教育师资培养培训工作中，专业教学论这门课的学习越来越受到重视和加强。

一、教学论与学科教学论

（一）教学论

教学论也称“教授学”，是以揭示教学规律为目的的学科，研究范围包括教学任务（目的）、内容、过程、原则、方法、形式、评价等。它是教育学科的组成部分，正逐步形成完整体系，成为一门独立学科。在中国，《礼记·学记》中提出的“教学相长”“学不躐等”“不陵节而施”“禁于未发”，以及“君子之教喻也，道而弗牵、强而弗抑、开而弗达”等思想，是世界教育史上关于教学的最早论述。以后的历代学者在他们的从教治学中也提出了不少精辟见解，特别表现于对教师的要求、教学的目标与内容，以及学习和读书的方法等方面。在西方，一般认为 17 世纪捷克夸美纽斯的《大教学论》总结了欧洲文艺复兴以来的教学思想，奠定了该学科的基础。其后，瑞士裴斯泰洛齐、俄国乌申斯基也提出各自的教学论主张。

19 世纪，德国赫尔巴特在《普通教育学》和《教育学讲义纲要》中使之系统化，建立了以统觉为基础的教学理论。20 世纪初，美国杜威对赫尔巴特的教学论进行了批判，他的《儿童与课程》是实用主义教学论的雏形。20 世纪上半叶，苏联凯洛夫主编的《教育学》继承欧洲民主主义教育思想，并力图以辩证唯物主义认识论为指导建立教学理论体系。1957 年，苏联达尼洛夫、叶希波夫在此基础上编出第一本以《教学论》命名的专著。美国布鲁纳在《教学论定理》中试图以建构主义心理学为基础阐述教学论，苏联巴班斯基在《教学过程最优化——一般教学论方面》中则试图用系统论观点建构教学论。

20 世纪七八十年代以来，中国学者对教学论的学科性质、任务，以及教学过程的本质、规律、原则、方法等，都曾提出过一些新的构想，并出版了多种教学论专著。

（二）学科教学论

学科教学论包括学科教学法和分科教学论。学科教学法阐述各学科通用的一般教学原理和方法。分科教学论是以某门学科教学的规律为主要研究对象的教学理论。例如，语文教学论主要研究语文教学的规律，数学教学论主要研究数学教学的规律。分科教学论的研究范围包括某门学科教学的目的、内容、方法、评价，以及该学科自身研究的对象、方法等。

二、专业教学论与教育相关学科的关系

专业教学论是基于某一专业领域或方向，关于教与学的理论与实践的一门学科。它是教学论具体化的体现，涉及单个或多个科目。在教育学科内，专业教学论是普通教学论、专业领域、职业技术教育学交叉或综合的一门学科，其最重要的特征是指向职业学校学生未来的岗位工作。这里的专业领域是与职业学校学生所学专业相对应的，

这也是由职业技术教育教师工作性质和特点所决定的，反映了职业技术教育教师培养的复杂性。

三、专业教学论的地位和功能

在职业技术教育师资培养培训中，专业教学论成了职业技术教育专业领域与教育科学间的纽带，如图 9–1 所示。

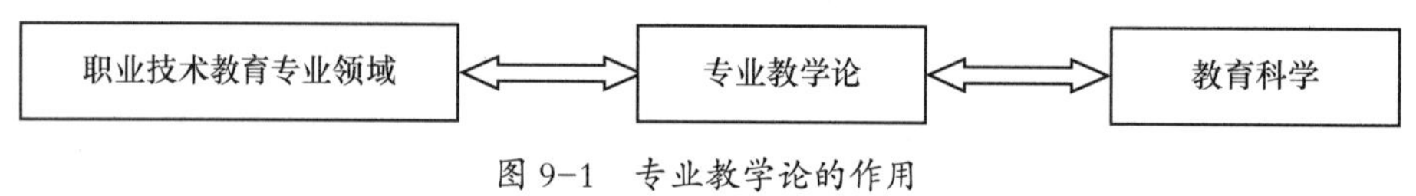

图 9–1 专业教学论的作用

在德国，专业教学论是职业技术教育教师培养培训方案中的核心课程，旨在培养或提高教师从事专业教学的能力。通常开设的与专业教学论相关的课程还包括教学论或普通教学论（大班上课）、职业技术教育教学论或技术教学论（大班上课）、专业教学实习等。专业教学论一般采用小班研讨的方式开课。

以德国不来梅大学学士学位职业技术教育师资培养方案为例，整个方案由三部分构成：主专业、辅专业和教育类课程，其学分情况见表 9–2。教育类课程占整个方案总学分的 25%。

表 9–2 学分情况

主专业	辅专业	教育类课程
90 学分	45 学分	45 学分

其教育类课程中，专业教学论模块（包括专业教学实习）占 15 学分。专业教学论模块学分数占教育类课程的 1/3，占整个培养方案学分总数的 8% 以上。由此可见，专业教学论相关课程是职业技术教育师资培养方案内容的重要组成部分。

专业教学论课程的学习，可以促进接受职业技术教育师资培养培训者的专业教学能力，具体表现在以下三个方面。

1. 认识或掌握职业院校与某一职业领域相关的课堂环境、教学原理、课堂教学问题分析方法。

2. 能根据职业院校培养方案要求把专业学习内容融于具体的课堂教学，同时还能选择合适的教学内容及相应的课堂项目形式。

3. 能采用多种不同方法对学习内容进行灵活、有效的整合和利用，包括使用教学媒体、制定课堂教学策略等。

四、专业教学论的研究内容

专业教学论与职业技术教育专业领域或方向是结合起来的。正如德国职业技术教育界许多专家所认为的，没有职业技术教育专业领域或方向作为基础，专业教学论就无从谈起。专业教学论主要研究如何在科学定向的基础上确定教学对象和教学内容，制订教学方案。职业技术教育的专业教学论还涉及对专业工人（广义上讲包括所有的职业从业者）的能力分析和开发。不同专业具有不同的知识特点和能力要求，其教学论涵盖的内容必定有本专业的特色，因此各个专业有其对应的专业教学论。专业教学论研究的对象不仅是专业学科知识，而且更重要的是建立专业领域中职业技术教育、工作与技术之间的复杂关系。这是专业教学论与普通教学论的一个非常重要的区别（陈永芳、颜明忠，2007）。

下面以德国 1994 年所出版的《建筑、木材和结构技术类专业教学论》著作目录介绍为例，从中可以了解专业教学论的研究范围、对象和内容。该书共分为五章。

第一章提出了建筑、木材和结构技术类专业课程课堂教学内容，涉及职业要求、课堂教学目标、相关的教学主题、课堂教学设计等。

第二章重点分析建筑、木材和结构技术类课程教学主题，分别谈到了建筑材料和原材料类教学主题、建筑结构类教学主题、工艺类教学主题、机械与设备技术类教学主题、信息类教学主题，技术与数学类教学主题等。

第三章阐述了职业领域中的教学方案，如建筑技术、木材技术、色彩技术、室内设计类的教学主题。

第四章阐述了如何通过行动导向的学习获得建筑、木材和结构技术类课程关键能力。

第五章介绍了课堂教学设计。

围绕建筑、木材和结构技术类课程内容，该书着重针对不同内容进行教学主题分类，并在此基础上有针对性地分析职业要求、目标，以及各类教学分主题间的教学组合等。这些内容直接与职业院校专业教学工作密切联系，也有利于接受职业技术教育师资培养培训者专业教学能力的获得与提高。

五、专业教学论与专业教学法

专业教学论与专业教学法是不等同的。专业教学论的重点是基于职业技术教育专业领域对职业院校相关专业课程课堂教学活动进行原理或理论分析、解释。专业教学论包含专业教学法的内容，专业教学法是专业教学论的具体实践部分。专业教学法侧重于针对相应一门或数门专业课程内容选用特定的形式、方法、策略、途径、手段来加以具体落实，从而达到理想的教学效果。

思考题

1. 职业院校教学有哪些特点？
2. 怎样正确理解理实一体化教学？
3. 简述行动导向教学理论的内涵及特征。
4. 专业教学论与学科教学论之间有何区别与联系？
5. 专业教学论与专业教学法的关系是什么？

本章主要参考文献

[1] 马庆发．行为导向：职业教育教学的新取向——职业教育教学论研究之二[J]．外国教育资料，1997（2）：66-71.

[2] 徐朔．专业教学论：职教师资的“职业科学”[J]．职教论坛，2008（8）：7-9.

[3] 陈永芳．职业教育专业教学论 [M]．北京：清华大学出版社，2007.

[4] 陈永芳，颜明忠．德国职业教育的专业教学论研究 [J]．中国职业技术教育，2007（8）：53-56.

第 10 章

职业院校德育与校园文化

第 1 节 德育与德育途径

一、德育内涵的理解

（一）德育构成

1. 德育的界定

德育是思想教育、政治教育和道德教育的总称。德育是教育者按一定的社会要求，有目的、有计划地对受教育者施加系统的影响，把一定的社会政治思想和道德规范转化为受教育者的思想意识和道德品质的活动。以上是德育的广义理解。德育的狭义理解是学校德育。它是培养具有正确人生观、世界观、价值观，以及崇高爱国主义、集体主义、社会主义思想的可靠的社会主义事业建设者和接班人的重要手段。

2. 道德教育

道德教育是指形成人们一定的道德意识和道德行为的教育，是学校德育的组成部分。其任务是提高道德认识，陶冶道德情感，锻炼道德意志，确立道德信念，培养道德行为习惯等。

（1）道德风气

道德风气是人们在社会关系中所表现出来的行为特点，即在道德方面精神面貌的总体表现。它既包括合乎道德要求的在社会上得到普遍保持的风俗和习气，也包括不合乎道德要求但已成为社会普遍习惯的风俗和习气。它与一定的社会政治、经济、文化、民族传统等有着密切关系。道德风气一经形成，就会对社会道德规范及其评价，以及个体道德品质、人生态度、行为选择等产生作用，同时对学校德育及其效果具有较大的影响。

（2）道德活动

道德活动是指主体出于道德需要而进行的旨在达到自我、他人或社会完善的实践精神性活动。它是一种特殊的人类主体性活动，由活动主体、对象、手段、过程、活动环境等因素组成。

依其性质，道德活动分为道德意识活动和道德行为活动。前者包括道德认识活动、情感活动、意志活动等。后者包括狭义的道德行为活动、交往活动等。两者既相互区别，又密切联系、相辅相成。

依活动主体，道德活动可分为个体道德活动和群体道德活动。前者是个体为完善自身而进行的活动，包括自我评价、道德修养、道德选择、道德行动等。通过这些活动，个体可不断改变自身道德知识结构，丰富道德情感体验，坚定道德意志和信念，形成稳固的道德行为方式。后者则是群体（团体、政党、社会）为完善自身，提高内部成员和整体的道德境界而进行的活动，如道德评价、道德教育、道德调控等。群体道德活动或借助于风俗习惯、舆论宣传，或借助于其他社会机构（教育系统、法律体系等），最终达到将社会的道德要求转化为个人的信念、良心和义务，将社会道德发展建立在个人道德完善的基础上。

个体道德活动一般经历服从、仿效、自主三个阶段，学校德育以促进学生的自主活动为根本任务。认识个体道德活动的性质、结构、功能、运行机制和年龄特征，并在实践中有效地组织、利用这些活动，是学校德育发挥效能的重要前提。

3. 职业道德教育

《教育大辞典》对“职业道德”的定义是：人们在职业生活中应当遵守的与职业实践有密切关系的道德规范和准则。社会中的每一种职业都以其特有的方式与社会发生联系，并为整个社会服务，社会对各行各业也有不同的要求。因此，每一种行业都将同多方面发生利益关系，如行业与社会之间的关系，行业与行业之间的关系，行业内部成员之间的关系等。要处理好这些关系，就得用职业道德来调节。

职业道德是一定社会的一般道德在职业生活中的具体表现。它是在特定的职业范围内的特殊的道德要求。它既是对本行业人员在职业生活中行为准则的要求，又是本行业人员对社会所负的道德责任和义务。人类的社会生活包括职业生活、家庭生活和公共生活，其中职业生活是最基本的实践活动。因此，在整个道德体系中，职业道德处于显著位置。

职业道德教育是指对在职人员和将就职人员进行一定的职业行为规范的教育，旨在使受教育者形成一定职业的道德意识和养成相应的职业道德行为习惯。职业道德在不同社会制度下有不同的准则，不同职业也各有特点。

职业道德教育是社会主义精神文明建设的一部分，基本要求是培养良好劳动态度，以及全心全意为人民服务、忠于职守、精于职业知识和技能、团结协作等精神，并付诸行动。职业道德教育专门设课进行，但主要渗透于各科教学、实践性环节和学校的其他各项活动中。职业院校德育的宗旨是造就乐于奉献、有强烈的社会责任感、安于基层工作、吃苦耐劳、全心全意为人民服务的高素质技术人才（崔士民，2008）。职业院校培养的人才毕业后主要是为了获取一份职业工作，因此学生在校期间必须加强职业行为规范教育，学会按职业规范生活。因此，职业道德教育是职业院校德育内容非常重要的组成部分。

（二）德育心理

研究德育过程中的心理学问题，揭示学生在社会环境和教育影响下道德品质形成和发展的规律，为采取适当的教育途径和措施，提高学校品德教育质量提供心理学依据。德育心理的基本内容主要包括：①品德结构的心理成分及其形成特点；②学生品德培养的途径；③问题行为及其矫正等。品德结构包含下列四种相互联系、协调发展的心理成分。

1. 道德认知

道德认知是对于社会道德现象、行为准则及其意义的认识，以及对于客观存在的道德关系和处理这些关系的规范认识。

2. 道德情感

道德情感是个人运用一定的道德标准衡量、评价别人或自己，以及由于道德需要得到满足所引起的情绪体验。道德认知和道德情感结合成为个人产生道德行为的内部动力时，便形成道德动机。

3. 道德意志

道德意志是调节道德行为、克服困难的一种道德力量，也是履行道德义务时表现出来的决心和毅力。

4. 道德行为

道德行为是指具有道德评价意义的举止，是品德的外在表现。道德行为培养可从各方面开始：①可从培养行为技能和习惯开始；②可从培养学生的道德情感着手；③可从道德意志上突破；④可从提高学生道德认知做起。上述各方面也可以同时并进，相互促进。只有上述心理成分都得到相应发展，特别是彼此之间形成稳定的联系时，某些道德品质才能更好地形成。

学生品德培养的途径主要包括：①依靠学生集体，其中特别有重要意义的是利用具有一定方向性的集体舆论的影响力；②参加各种劳动和课外活动；③提倡自我教育等。

（三）德育原则

德育原则是思想品德教育必须遵循的基本准则和要求。它是德育规律的体现，受德育目的和受教育者身心发展规律制约，也是古今中外教育实践经验的总结，体现一定阶级、民族和文化的特点。德育原则是制订德育计划，选择德育内容、方法，组织德育过程的依据。

德育原则包括：知行统一，集体教育和个别教育相结合，正面引导，说服教育，严格要求与尊重信任相结合，发扬优点、克服缺点，考虑学生年龄特征和个别差异，教育影响一致性和连续性等。

二、德育内容及其实现途径

（一）德育内容构成

1. 德育目标

德育目标是指在特定阶段培养学生政治、思想、道德品质应达到的规格要求。它是德育工作成效的衡量尺度，已广泛运用于德育活动。德育目标对德育过程起指向、激励和规范作用，制约德育的内容、途径、方法。教育部门以德育大纲的形式规定各级学校的德育目标。因德育管理的内容、类别和层次不同，德育目标包含整体目标与子目标、综合目标与单项目标、长期目标与中近期目标、集体目标与个人目标体系。

2. 德育大纲

德育大纲是德育内容的具体要求，是学校对学生进行思想品德教育的总纲和原则。它包括对各个阶段德育目标、内容，以及德育途径、学生品德评定、德育领导管理等方面的规定，旨在实现德育工作科学化、序列化、制度化，不断提高德育的整体效果。

（二）德育实现途径

1. 德育方式

德育方式是指进行思想品德教育所采取的各种具体形式。它包括教育者和受教育者在实施德育过程中的活动形式。

2. 德育方法

德育方法是指思想品德教育所采取的各种影响方式的总称。它包括教育者和受教育者两方面的活动方法。其制约因素有德育的任务、德育的内容、德育对象的特点等。

德育方法从其介入的道德判断或认知深浅来分，有三类：①讲理式（重视道德原则原理的讲解）；②非讲理式（仅做道德规范的指导）；③悖理式（讲歪理的灌输式）。

德育方法从所介入的知与行的因素来分，有五种类型：①纯道德认知；②知而后行；③行而后知；④不知而行；⑤盲行。

德育方法从教育功能上来分，有五种类型：①说服教育法侧重于道德认识的提高；②情感陶冶法侧重于道德感情的培养；③实际锻炼法侧重于道德行为和道德习惯的养成；④自我教育法着重于受教育者自觉地进行全面的道德修养；⑤品德评价法对受教育者思想品德的现状加以评定和指导。

3. 德育途径

德育途径是实施德育的渠道。实施德育具有多种渠道。政治课、思想品德课是德育课程化的主要形式，负有系统地、重点地实施德育的任务。各科教学均具有教育性，在传授文化科学知识的同时，可有机地渗透德育，担负起育人的职责。

班主任是学生班集体的教育者，要通过工作有针对性、灵活地对学生进行思想品德教育。各种课外活动、社会实践、生产劳动，以及少先队、共青团、学生会活动均可寓德育于丰富多彩的活动之中。

学校生活、校园环境可起隐性的德育作用，使学生在不知不觉中接受影响。家庭生活和教育是实施德育的重要渠道。

社会生活也是一种重要途径，互联网、广播、电视、电影、戏剧、报刊、图书，以及各种文化设施、校外教育机构，乃至社会上的各类事物，均可向学生输送德育信息，传递德育影响。现代教育倡导建立学校、家庭、社会一体的多渠道德育体系。

三、德育管理与评价

（一）德育管理

德育管理是指学生思想品德教育的组织领导。德育管理内容主要包括如下几个方面。

1. 德育思想管理

提高全体教育者对实施德育意义的认识，端正教育思想，强调人人重视德育，处处以身作则，统一要求，共同做好学生思想工作。

2. 德育组织管理

健全德育组织管理机构，建设好一支德育队伍，建立强有力的思想政治工作系统；组织发动各个部门、各个组织以及全体工作人员，根据各自特点，分工承担德育任务，做到教书育人、管理育人、服务育人；制定德育的各项规章制度，使学生有明确的道德规范和行为准则，使德育工作有章可循，按章办事，保证良好的学习、生活纪律和正常的工作秩序；组织协调家庭、社会各方面力量互相配合，保证教育影响的一致性。

3. 德育目标管理

根据上级指示，结合院校实际情况，制定学年或学期德育工作的总目标和各部门、班组、人员的德育工作目标，使总目标层层分解、层层落实，个人目标与组织目标、局部目标与整体目标融为一体，形成一个德育目标网络。按目标要求，对德育工作成果加以评价，按达到目标的程度进行奖惩。

4. 德育计划管理

根据德育目标，制订周密的德育工作计划，明确每个时期、每个阶段德育的任务、要求、内容、途径、方式方法、工作日程、活动项目、负责人员等，并按计划行事。

5. 德育质量管理

制定分年级的德育质量标准，进行德育质量控制，强化有利因素，排除不利因素。做好德育质量的检查、分析工作和操行评定工作，严把质量关。总结交流德育工作经验，为不断提高德育质量创造条件。

（二）德育评价

德育评价是指依据一定的德育目标，运用可行的方法和技术，对德育的过程与效果做出价值上的考查、判断。它是学校教育评价的一项内容，是学校德育工作的基本环节。其目的在于探索德育工作的客观规律，完善此项工作的控制系统，有效促进受教育者的思想品德向预期目标发展。

按评价对象，德育评价可分为宏观评价与微观评价两种。前者以一个国家、地区或学校为对象；后者以教育者的德育工作和受教育者的思想品德为对象。

按评价标准，德育评价可分为相对目标标准评价和绝对目标标准评价两种。前者以统计学的正态分布理论为依据，评价个体与个体之间品德发展的相对位置，属心理测定性评价；后者以德育目标理论为依据，按目标所预设的学生思想品德变化，检测学生达到目标的程度和教育效果。

按评价检测手段，德育评价可分为诊断性评价、形成性评价、总结性评价三种。诊断性评价以信息反馈决策功能为基础，在德育过程开始之初进行，其目的在于制订符合实际的德育方案与计划，设计相应的活动。形成性评价以信息反馈调节功能为基础，在实施德育过程中进行，其目的在于及时掌握受教育者的发展状况，发现教育工作的偏差、存在的问题，以调节教育活动。总结性评价以信息反馈激励功能为基础，在实施德育过程终末时进行，其目的在于使每个学生了解其品德成长发展状况，也使教师了解工作成绩和问题。

按评价主体，德育评价可分为自我评价与他人评价两种。

按评价目的，德育评价可分为真评价与准评价两种。前者是对教育者或有关机构所做出的德育贡献和表现的社会价值的一种评价；后者则从某一德育问题出发，通过评价找出其因果关系或相互关系，以此为决策的依据。

按德育评价涉及的内容，德育评价可分为单项评价与综合评价两种。前者针对德育领域某一方面或事项进行评价，后者为全领域的评价。

第 2 节 职业院校校园文化

一、校园文化对德育工作的意义

职业院校的德育工作对象是受教育者（即学生）。中职学校学生基本上介于 15~18 岁，大都属于未成年人阶段，处于未成年人向成年人转型的关键时期。高职院校学生一般在 18 周岁以上，属于成年人阶段，高职院校学生部分来自中职学校，部分来自普通高中。

在职业院校开展丰富多彩的校园文化活动，对于学生的德育有效实施，包括职业道德的提升具有非常重要的价值。

二、校园文化的构成

（一）校园文化的界定

校园文化也称学校文化，是指学校内有关教学及其他一切活动的价值观及文化形态。它是学校物质文明和精神文明的总体现。其体现在显性课程和潜在课程（也称隐性课程）两个方面。

（二）显性课程与隐性课程

显性课程内容包括学校规定学生必须掌握的知识、技能、思想观点、行为规范等。隐性课程内容包括校园建筑、文化设施、文化生活、绿化、校风、教风、学风、人际关系、心理气氛等，其中学校的校风、文化生活、人际关系和心理气氛是校园文化的深层结构和核心内容。与显性课程的明确性和强制性相对照，隐性课程有其特点。

1. 潜在的规范性

无论是校园建筑、文化设施或校风，都潜在地蕴含着一定的价值观、行为规范、精神境界，使生活于其中的受教育者知道应当如何调节自己的心理和行为。

2. 非强制性

隐性课程不是通过强行灌输、纪律约束来实施的，而是通过陶冶和感染，潜移默化地影响人的思想、情感和生活，净化人的心灵。

3. 作用的持久性

即使生活环境变化或迁移，已形成的价值观、行为习惯仍能长期保持。隐性课程可以抵消或增进显性课程的作用。

协调显性课程与隐性课程的关系，是优化校园文化的重要环节。

（三）学校物质文化

学校物质文化是校园文化的组成部分，包括具有文化意义的学校物质环境、校园规模、建筑设备、庭院布置等。物质文化与非物质文化一样，对社会有深远影响。学校物质文化对学生的影响如下。

1. 影响学生的心理平衡

良好的学校物质文化使学生获得心理上的安适感，感到处在一个安静、和谐的生活与学习环境中。

2. 影响学生的价值观与态度

学校建筑形态和功能、校区整体规划等，都会影响学生对事物的判断与看法。

3. 影响学生的学习方式

学校教学设备，如图书数量、教学用具的有无或多寡等，最易产生这种影响。

4. 影响学校传统的保存与发扬

学校的光荣历史、优良传统等，常因某种独有物质文化的保存而得以继承和发扬。

（四）班级文化与班集体

班级德育力量以班主任为主，还包括各任课教师、学校领导、学生家庭成员等。班级的团队组织、班集体虽是班级德育的对象，但也在班级德育工作中发挥重要作用，是不可缺少的班级德育力量。

1. 班级文化

班级文化是“班级群体文化”的简称，是作为社会群体的班级所有或部分成员、校企合作的企业人员及其他相关的社会成员共有的信念、价值观、态度的复合体。班级成员的言行倾向、班级人际环境、班级风气等为其主体标志，班级的墙报、黑板报、活动角及教室内外环境布置等则为其物化反映。

按照与社会要求的吻合程度，班级文化分为班级制度文化与班级非制度文化（含班级反制度文化）两种成分。

按照班级成员的认同程度，班级文化分为班级虚形文化（体现社会要求但尚未被班级成员内化的文化，又称纯制度文化）与班级实体文化（班级实际具有的文化，又称素质文化）两个层面。

按照班级成员的占有集中程度，班级文化分为统合型文化（班级所有成员或大部分成员共同认同）与离散型文化（班级成员分别认同几种不同性质的文化，且其中任何一种均不占主导地位）两种类型。

2. 班集体

班集体是指以完成学校教育任务为共同目标，有一定组织机构、规章制度的学生共同体。它具有作为集体有机整体的行为与特征，不是班级个别学生的总和，是班级群体发展的高级形式。其在教师指导下的班级共同活动中形成，一般经历三个阶段：①在外力（包括学校、教师等）组织下建立班级，确定目标；②建立学生组织领导核心；③形成集体规范和舆论。它对学生个体的思想品德和学习效果发生作用，是实现教育目的的力量与手段。

3. 班级德育工作

班级德育工作是以班级为单位所进行的德育工作。它是实现学校德育任务的关键环节。其主要内容为：①了解、研究学生；②组织、培养班集体；③结合学习任务进行思想品德教育工作；④做好个别学生的教育工作；⑤开展课外教育活动；⑥协调、统一各方面德育力量。

（五）教师文化

教师的价值观和行为方式是构成校园文化的因素。教师的资历、社会背景和社会化过程不同，价值观、行为方式、对教育工作的影响也不同。

（六）学生文化

学生文化也是校园文化的组成部分，是学生价值观和行为标准的统称。社会文化背景有差异，学生同辈文化并非孤立产生，而是受社会文化的影响，与整个社会文化有密切关系。

当传统文化对个人的影响减弱时，同辈文化的影响随之增强。学校生活和活动中的各种同辈团体所表现的价值观和行为，无论其方向属于何种类型，都成为影响学校文化的重要因素。其中，学术亚文化群由那些学习刻苦、成绩优秀的学生组成；娱乐亚文化群由那些热心于体育、文娱、交际的社会活动积极分子组成；违规亚文化群由那些拒绝接受学校的学术和社会价值观的学生组成。

三、校园文化的建设策略

学生品德培养有很多途径，其中包括：①依靠学生集体，其中特别有重要意义的是利用具有一定方向性的集体舆论的影响力；②参加各种劳动和课外活动；③提倡自我教育等。

此外，要使德育工作更加有效开展，就必须加强职业院校的校园文化建设。为此，职业院校要优化育人环境，建设体现社会主义特点、时代特征和职业院校特色的校园文化，形成良好的校风、教风和学风。

职业院校要开展生动有效的校园文化活动、大力加强学生文化素质教育。职业院校要结合民族传统节日、重大事件，以及升学、毕业典礼等，开展特色鲜明、吸引力强的主题教育活动。

职业院校要重视校园人文环境和自然环境建设，完善校园文化活动设施。职业院校要加强校报、校刊、校内广播电视、校园网络等的建设，发挥墙板报、橱窗、图书馆、陈列室、模拟职业场景等的宣传作用，以及校训、校歌、学校发展历史等的激励作用，注重宣传劳模精神、劳动精神、工匠精神、先进的企业文化、学校优秀毕业生的事迹。

开展丰富多彩的校园文化活动，既是学生校园日常行为的重要内容，也是校园文化建设的突出表现形式和重要载体，更是一种能让人在轻松、愉快的气氛中增长知识、陶冶情操、颐养身心、提高修养的活动。它是进行思想政治教育的“隐性课堂”，是课堂教学活动的补充和延伸。

如何加强职业院校校园文化建设，还需注意以下几个方面的策略。

（一）注重自觉开展校园文化活动

把校园文化活动的组织管理列入院校工作的议事日程，不断增进校园文化活动组织管理，制订发展的总体规划。

（二）组织形式多样、内容丰富的校园文化活动

在职业院校校园文化建设中，形成一个以课堂教学为主、第二课堂为辅，学校教育和社会实践相结合，日常社团活动与各类文体活动相补充的多方面、多渠道的活动结构方式，使校园文化活动中的娱乐活动、社会实践活动、文化活动互为补充。

（三）适当发挥教师在校园文化活动中的指导作用

教师有较为丰富的参加和组织活动的经验，对于活动的方向性等重大问题的把握能力较学生更高、更强。在一些专业性较强的社团活动中，教师可以指点迷津，解决知识性与娱乐性相结合的问题，避免活动内容、形式的重复，提升活动的品位，增强社团活动的吸引力（刘军，2012）。

（四）有意识地引入合作企业的文化

在校园文化建设中引入企业文化，这既是专业知识的扩展和延伸，也是校园文化建设以岗位为目标的收缩，可使校园文化建设朝着适应专业化和工作岗位的目标发展（赵宗尹、杨泉良，2007）。职业院校要有意识地把合作企业的文化引入校园文化中，使校园文化与企业文化有机整合，以更利于职业道德的培养。

思考题

1. 怎样正确理解职业道德教育？
2. 为什么说校园文化建设对德育工作具有重要意义？
3. 职业院校校园文化有哪些建设策略？

本章主要参考文献

[1] 崔士民．职业教育学概论［M］．成都：电子科技大学出版社，2008.

[2] 陈丹辉．职业学校学生学习特点研究［M］．北京：气象出版社，2006.

[3] 许曙青．职业院校德育主题活动课设计［M］．苏州：苏州大学出版社，2008.

[4] 刘军．校园文化视野下的学校德育研究［M］．合肥：合肥工业大学出版社，2012.

[5] 赵宗尹，杨泉良．高职教育管理与校园文化建设研究［M］．济南：山东大学出版社，2007.

第11章 职业学校教师培养培训

职业学校教师简称“职教教师”。高等职业技术教育教师无专门的师范培养机构，一般来自普通高校的非师范专业毕业生。本章重点介绍中等职业学校的教师培养培训方面的内容。

第 1 节 职业学校教师职业与资格

一、职业学校教师职业的特殊性

“双师型”即教师型和技师（工程师）型，这是职业学校教师素质的特色所在，即职业学校教师既要有从事教育工作的理论水平和能力，又要有技师（工程师）的实践技能。专业理论课教师技能化、实习指导教师理论化，有利于职业学校培养目标的实现。

（一）跨学科领域的背景要求

职业学校教师属于教师中的一种，职业学校教师有别于普教教师，如图 11–1 所示。普教教师主要从事中小学文化课教学工作，通常由普通高校师范专业来完成培养工作。职业学校教师仅通过普通高校师范专业无法完成全部的培养工作。要胜任职业学校教师工作，必须具备专业、教育、行业企业工作经历等跨学科背景。因此，普通师范专业不能完成职业学校教师的培养任务。

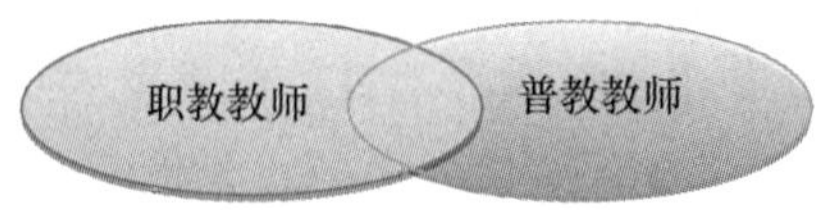

图 11–1　两种不同类型的教师

图 11–2 说明了职业学校教师要做好教育教学工作，不仅要熟悉职业技术教育相关知识，而且对接受职业技术教育的学生所从事的职业领域也应有必要的经历与了解，否则就难以做好相应的教育教学工作。这是由职业技术教育教师跨学科的特点所决定的。

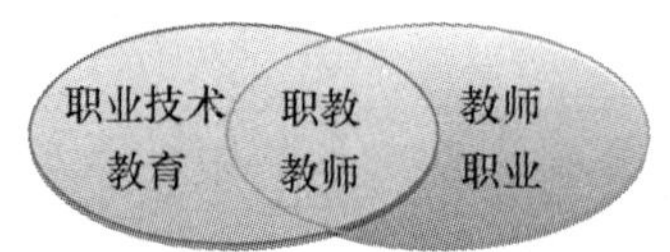

图 11–2　职教教师职业的跨学科性

一方面，普通师范教育和普通工程教育都不能完成职业学校教师的培养工作；另一方面，不是把普通师范教育与工程教育的两种课程进行简单组合，就可以培养出职业技术教育所需教师，如图 11–3 所示。

图 11–3　职教教师培养的复杂性

（二）职业学校教师工作任务复杂且难度大

职业学校教师的主要任务包括：在传授文化知识的同时，要通过文化渗透、榜样示范、言传身教等措施使学生成为一个高素质的公民；传授学生必备的专业技术知识，帮助学生形成职业能力；促进学生良好职业道德的养成。此外，职业学校教师的任务还包括开展教育教学研究、实施职业指导、班主任工作等。职业学校教师所从事的工作具有如下几个特点。

1. 需兼顾升学与就业两个目标

职业学校教师的教育教学对象主要是未来在生产、建设、管理与服务一线进行就业的人员。学生所学课程既有文化课，又有专业课。专业课程既有理论课，又有实践技能课或理实一体化课。在过去，中等职业学校学生毕业后主要是就业。伴随着高校扩招，中等职业学校也有越来越多的学生选择升学。这就使职业学校教师必须从过去专注于学生就业的单一培养目标转向兼顾就业与升学两个方面的目标。

2. 要面对学业不良且难管的培养对象

由于受传统观念和社会对职业技术教育偏见等因素影响，选择职业技术教育的学生大都学业水平不高、学习兴趣和动机不足，还有部分学生存在行为习惯不良现象，造成教育教学效果不太好、学生在校学习风气不太好、管理难度大等方面的问题。这些都对职业学校教师工作提出了许多新的挑战。

3. 要能适应课程与教学改革要求

科技高速发展及越来越多地投入生产中，这也造成一线职业在加速更替的同时，一线职业岗位的工作内容和要求也不断发生新变化。职业领域的变化要求职业学校教师要能不断适应外部对学生培养所提出的改革要求。因此，职业学校教师在教育教学过程中要具备教育教学改革和课程开发能力。

（三）职业学校教师来源多样化

我国职业学校教师由专职教师与兼职教师构成。专职教师中除了文化课教师外，还包括专业课教师和实训教师。文化课教师主要来自普通师范院校，而专业课教师则多数来自高校普通专业毕业生，部分来自职业技术师范专业毕业生，还有部分专职教师来自企业。目前，从实际调查结果来看，这三个不同来源教师均存在自身相对不足之处。

来自高校普通专业的教师缺乏系统的职业技术教育教学课程学习。来自职业技术师范专业的教师在职业工作经历和动手能力上存在不足，类似于来自高校普通专业的教师。来自企业的教师在教育教学能力上缺乏相应的训练。这些都说明职业学校教师能力构成和培养要求要高于普教教师。

二、职业学校教师资格

（一）职业学校教师资格概述

教师资格是国家对专门从事教育教学工作人员的基本要求，是公民获得教师职位、从事教师工作的前提条件。教师资格制度是国家实行的教师职业许可制度。《中华人民共和国教育法》和《中华人民共和国教师法》明确规定，凡在各级各类学校和其他教育机构中从事教育教学工作的教师，必须具备相应教师资格，没有相应教师资格的人员不能聘为教师。教师资格证书在全国范围内适用。取得相应教师资格的人员可在本级及以下等级学校和机构任教。具有中职校实习指导教师资格的人员只能在中专、技校、职高或初级职业学校担任实习指导教师。高级中学教师资格与中职校教师资格相互通用。

（二）职业学校教师资格考试

从职业学校教师工作内容与要求来说，职业学校教师与普通中学教师有很大区别。理想的情况下，我国需要设立单独针对职业学校教师资格考试品种，以便甄选出满足职业学校要求的教师。目前，在教师资格考试标准和考试大纲方面，中等职业学校教师资格考试主要参照普通高中教师的相关要求来执行。

教育部于 2013 年 8 月 15 日颁布的《中小学教师资格考试暂行办法》规定，普通高级中学教师和中等职业学校文化课教师资格考试笔试科目为“综合素质”“教育知识与能力”“学科知识与教学能力”三科；中等职业学校专业课教师和实习指导教师资格考试笔试科目为“综合素质”“教育知识与能力”“专业知识与教学能力”三科。中等职业学校教师的“专业知识与教学能力”科目测试，暂由各省（区、市）自行命题和组织实施。

第 2 节
职业学校教师专业化培养

一、职业学校教师专业化

职业学校教师在岗位工作内容和要求上有别于普教教师，职业内涵上也有很大的不同，主要体现在职业学校教师的“双师型”素质特征上。因此，其培养内容和来源与普教教师相比存在着相当大的差异。普教教师培养难以替代职业学校教师培养。职业学校教师应有其相应的培养机构和培养过程。从其岗位特点和内在要求来看，职业学校教师职业的专业化包括职前专业培养和职后专业发展。教师资格证是教师法中法定要求，是能否从事教师工作的基本依据，因此应把教师资格证作为划分职前培养和专业发展划分的关键点。职业学校教师的职前培养时期是指从接受师资专业教育直至拿到教师资格证这段时间；职后专业发展时期是指其从拿到教师资格证开始直至退休这段时间，即涵盖教师的整个职业生涯。

职业学校教师的职前专业培养一种为接受系统的职教师范专业教育，另一种是接受非师范专业教育，即在专业学习过程中，未参加过教师教育课程的学习。国际上，职业学校教师来源一般均包含上述两种路径。我国职业学校教师来源以第二种路径为主。

职业学校教师的职前专业培养存在两种类型。一种是分两个阶段，即在高等院校进行师资方面专业系统学习阶段和在职业学校进行见习或教育教学实践阶段。另一种即大学职教师范专业的学生毕业后通过认定或参加教师资格考试获得从教资格。

二、职业学校教师能力构成

（一）职业学校教师能力结构

职业学校教师应具备专业教学能力，这是由“双师型”内涵本质所决定的，也是职业学校专业教师职业工作的内在要求。职业学校教师的专业教学能力包含四个方面的内容：职业技术专业理论、职业技术专业实践、职业技术教育教学理论、职业技术教育教学实践，如图 11–4 所示。职业学校教师的专业教学能力的获得是建立在这四个方面基础上的。也可以说，职业学校教师专业发展过程中，这四个方面均需得到关注和加强。

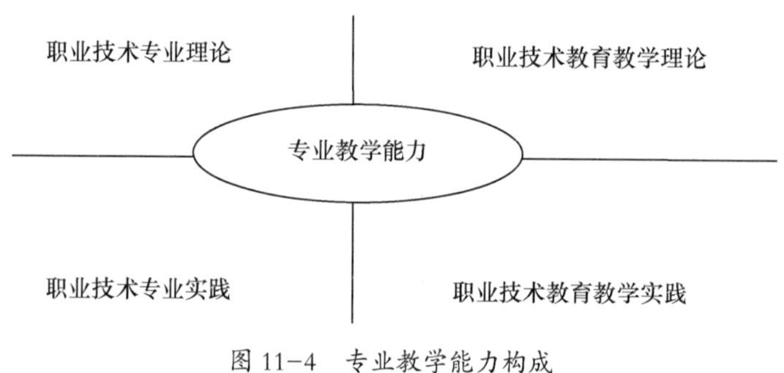

图 11–4　专业教学能力构成

（二）职业学校教师教学能力标准

2013 年 9 月 20 日教育部发布了《中等职业学校教师专业标准（试行）》。该标准的基本内容由三个维度构成，即专业理念与师德、专业知识、专业能力，内容包括 15 个二级指标和 60 个三级指标。专业能力维度包含的二级指标有 7 个，分别为教学设计、教学实施、实训实习组织、班级管理与教育活动、教育教学评价、沟通与合作、教学研究与专业发展。

在此标准中，核心内容应是专业能力，即职业技术学校专业课程教学能力。在这类课程当中，非常重要的内容就是要能实施理实一体化课程教学。

三、专业化培养机构及相关课程

（一）职教师资培养机构

专业化培养机构主要包括大学里的职业技术教育学院或单独设立的技术（或工程）类师范学院。这类学院也称“技工师范学院”“职业师范学院”“职业技术师范学院”，是培养职教师资和管理人员的专门高等院校。

（二）职教师资培养专业的课程开设

目前，国内职教师资培养院校一般将课程分为公共基础课或通识课、学科基础课和专业课、教育类课程、实践课。其中，实践课一般又分为专业实践课与教育实践课。接下来从专业类、教育类和专业教学类三个方面来对我国职教师资培养课程的开设情况进行简略分析。

1. 专业类课程的开设

在专业类课程设置上，相比以前，学术化倾向的问题有所调整。在原本职业学校教师职业技术技能缺失背景下，“双师型”的提出强化了职业技术师范生的专业实践要求，有的培养机构以必修课或拓展（选修）课的形式，增设专业实践课。

2. 教育类课程的开设

与过去相比，在教育类课程设置上，课程数量与质量均有所改进。例如，有的培养单位设有“四位一体”课程体系，该体系对传统的教育课程进行分块、重组、扩充，构建职业技术教育理论、教师基本技能、职业技术教育研究、教育见习与实习四大板块。又如，有的院校在“教师资格证”要求基础上开设现代教育技术、课堂教学设计、师范生教学技能训练等课程。再如，有的培养单位还设有教育统计学与专业教学法（选修课）等课程。但也有培养院校只开设职业技术教育学与职业技术教育心理学课程。还有培养机构用普通教育学与心理学等课程来代替，这样的课程难以体现职业技术教育的特点和要求。

3. 专业教学类课程的开设

职业学校教师专业教学能力的培养需要职业技术专业与教育教学相整合的专业教

学类课程。

在普通师范教育中，除了教育学、教育心理学外，学科教学论（原教材教法）对师范生教学能力的培养发挥了重要作用。与普通师范教育相对应的职业技术师范教育中，各培养机构虽普遍设有相应的职业技术教育学、职业技术教育心理学这两门课程，部分培养机构还设有行动导向教学法课程，但多数培养机构缺少与学科教学论相对应的专业教学类课程（有少数培养机构用普通教学论来代替）。

与专业教学类课程相对应的实践课程是专业教学实习（或职业学校教育实习）课程，该课程通过实践形式把教育教学理论、职业技术专业理论与实践进行有机整合。在各职教师资培养机构的课程体系中，教育或教学实习课程多数介于 4~8 周。

第 3 节 职业学校教师专业发展

一、职业学校教师专业成长

（一）专业成长

教师的专业成长既不是被塑造也不是被训练，既不是被计划也不是被控制的过程，而是在教师已有的知识、经历构成的基础上发展的（何菊玲，2010）。同样，职业学校教师的自主性应是专业成长的核心特征。现实生活体验与教育教学实践反思是职业学校教师专业成长的有效路径。另外，职业学校教师专业成长的最终目的要指向学生的教育与培养工作，要帮助学生获得现实生活与未来职业岗位和工作真正所需的知识与能力。

从当代学术界来看，人们更倾向于把作为教师发展主体的自身实践活动看作教师发展成长的根本动力。因为在教师教育教学实践中包含了教师的内在需求与条件、外部影响与条件，也包含发展主体的能动认识与选择，教育教学实践是内外因作用于教师发展的聚集点，也是推动教师成长的直接与现实的力量。

近年来有关研究指出，使新手教师成为优秀教师的，不是他们的知识和方法，而是教师对学生、自己以及他们的目的、意图和教学任务所持有的信念，是教师在教育教学实践中表现出来的教育机智和批判反思能力。

美国学者波斯纳十分简洁地提出，教师成长的规律是“成长 = 经验 + 反思”，并指出没有反思的经验是狭隘的经验，至多只能形成肤浅的知识。教师如果仅仅满足于获得经验而不对经验进行深入思考，其发展将大受限制。基于上述分析可以认为，职业学校教师专业成长最关键的是要在职业学校教育教学实践中进行建构性的反思。同时，职业学校教师的专业成长离不开专业发展活动的促进和支持。

（二）职业学校教师专业成长主要阶段

有研究者将教师从新手到专家的过程划分为 5 个阶段：新手水平阶段、高级新手水平阶段、胜任水平阶段、熟练水平阶段、专家水平阶段。

新手水平阶段教师是指师范生或刚进入教学领域的教师。高级新手水平阶段教师是指有两三年教龄的教师（吴庆麟，2003）。其中，大部分高级新手水平阶段教师经过教学实践和继续教育，需要 3~4 年才能成为胜任水平阶段教师。胜任水平阶段教师在教学上有两个特性：能明确自己的教学目标和内容；能确定课堂教学活动中各类事件的主次。熟练水平阶段教师对课堂情境和学生反应有敏锐的观察力。大约再经过 5 年左右知识和经验的积累，其中部分熟练水平阶段教师发展成为专家水平阶段教师。专家水平阶段教师在处理课堂教学事件时，并非采用分析、思考、有意识选择与控制等方式，而是以直觉方式立即反应，从而能轻松、流畅地完成教学任务。专家水平阶段教师主要基于其所具备的有关教学的知识与能力，即教学专长。

从英国的教师专业标准可知，英国职业学校教师在专业成长上主要分为一般教师、骨干（资深）教师和优秀教师三个层级，并分别有具体的标准。一般教师即在职业学校取得入职资格的教师。在一般教师之后的第二阶段是骨干教师，骨干教师要在职业学校一般教师基础上满足骨干教师所要求的所有标准。骨干教师之后为优秀教师，成为优秀教师要在骨干教师基础上满足优秀教师所要求的所有标准。

我国职业学校教师的专业成长阶段包括新入职业学校教师（刚拿到教师资格证者至高级新手水平阶段）、提高型教师（胜任水平阶段）、骨干教师（熟练水平阶段）、学科带头人（专家水平阶段）等。笔者认为，目前上海市及全国其他地区的中等职业技术教育新入职教师和提高型教师是教师队伍的主体，也是直接影响职业技术教育教师队伍素质和水平提升的决定性力量。因此，这两大群体应成为专业发展支持和关注的主要对象。

二、职业技术教育教师专业发展

（一）专业发展的内涵

职业技术教育教师专业发展是指职业技术教育教师作为专业人员，在专业思想、专业知识、专业能力等方面不断发展和完善的过程，即从专业新手到专家型教师的过程。职业技术教育教师专业发展的关键是其素质和能力的培育与提升，核心是教师职业技术教育教学能力获得。职业技术教育教师专业成长力的获得是导致其专业成长速度改变的根本原因。在当今以信息和计算机技术为基础的知识经济时代，每个个体都必须终身学习。作为职业技术教育教师，专业发展活动是其专业成长的重要支撑和促进手段。

（二）教师专业成长与专业发展的差异

“教师专业发展”和“教师专业成长”在内涵范畴上存在差异。

从广义的角度来说，“教师专业成长”与“教师专业发展”都是针对加强教师专业化提出的。教师专业成长更强调教师的自主性，是教师个人自觉地根据内在成长需要和动力，结合个人生活实际，通过自我规划、自主学习、自我评价和调试，以实现自我更新和自身素质提高的学习活动。专业成长有三个特征：一是成长动力来源于个人的内需；二是学习方式和过程由个人来控制；三是融入个人的生活中，与个人的信念、兴趣、爱好、特长、习惯等个性品质紧密结合在一起。

从狭义的角度来说，他们之间存在着一定的区别。首先，专业成长内涵较为单一，只包含对教师生命体的关注，对教师的社会地位、生活环境、组织氛围等外部因素关注较少；而专业发展内涵更为丰富，既包含对教师生命体的关注，也包含对教师的外部因素的关注。其次，专业成长的研究对象多为个体，对群体关注较少；专业发展的研究对象既包括个体，也包括群体。再次，专业成长侧重于结果，对过程关注较少；专业发展更侧重于过程，但也包含一定的结果（贾亮亭、张秋杰，2012）。

（三）专业发展的核心目标

专业发展的核心目标在于通过专业发展活动来促进教师专业成长力的获得，以促使教师在教育教学实践中提升职业技术教育教学能力，并最终促进学生综合职业能力的获得与提升。

以骨干教师为指向的专业发展活动在围绕职业技术教育教学能力提升要求的同时，也需加强教学研究（教育教学实践领域的论文撰写和课题研究）、课程改革和开发等方面能力的提升。

（四）专业发展的主要途径

职业技术教育新教师入职初期在角色适应上会遇到一系列问题，这个阶段由具有丰富教学经验的老教师一对一地加以指导，可以解决新角色适应过程中所遇到的问题。这是一种传帮带的形式，常被称为“老带新”或“师徒结对带教”。“老带新”中带教者的素质最为关键。有研究者通过研究提出了带教者的六条素质要求：能够帮助新教师找到工作中的成功因素和令人满意之处；能够接受各种类型的新教师，包括业务基础差的、过于自信的、不老练的、戒备心理强烈的等；善于为新教师提供教学方面的支持，通过听课和课后讨论等方式与新教师分享教育观念；善于处理各类人际关系，能用新教师可接受的方式来调节自己的带教指导行为；能够做不断学习、不断提高自我的表率；善于向新教师传递希望和乐观主义精神。

除了新教师的入职培训和传帮带培训之外，职业技术教育教师的专业发展途径还包括校内教研活动（公开课和研讨等）、企业实践、在职接受校外专题培训、学历提升进修等。

采用专业发展学校的形式是近年来教师专业发展的一种新途径。职业学校除了作为职业技术教育教学实习或见习基地外，还可以成为专业发展学校。通常，专业发展学校要具有非常强的教育教学实力和专业人才培养的影响力和知名度，对同一专业领域具有较强的辐射和指导能力。专业发展学校是职业技术教育教师进行专业发展的重要场所。一般来讲，专业发展学校的选择与设立需符合相应的标准。所选择学校的数量也有一定限制。目前，我国还未开展职业技术教育教师专业发展学校方面的工作。但是，近年来上海市已在中小学中开始设立了一批教师专业发展学校，这不论对于相关教师的专业发展来说，还是对于所在学校的办学水平提升来说，都具有促进作用。因此，在促进职业技术教育教师专业发展过程中，专业发展学校工作的开展颇值得考虑。

三、在职培训是教师专业发展的重要途径

从教师专业发展角度来看，职业技术教育教师在职培训可以分为入职培训（包括新进教师培训）、骨干教师培训、专业负责人或带头人培训等几个层级，结合区域范围和管理等级可以分为校本培训、区级培训、省（市）级培训、国家级培训。在上述划分基础上，结合实际需要可开展针对具体主题的培训。

（一）专业标准是专业发展和在职培训的基本依据

《中等职业学校教师专业标准（试行）》是教师培训的基本依据。

中等职业学校要依据该标准制定中等职业学校教师专业发展规划，开展校本研修，促进教师专业发展。中等职业学校教师要将该标准作为自身专业发展的基本依据，做好以下工作：制定个人专业发展规划，爱岗敬业，增强专业发展自觉性；大胆开展教育教学改革，不断创新；积极进行自我评价，主动参加教师培训和自主研修，逐步提升专业发展水平。

（二）实施基于实效性与实践性的培训质量提升策略

1. 实效性应为在职培训评价的重要指标

在职培训项目要体现培训需求，培训项目方案需在充分的需求调查和分析基础上设计，同时还要与中等职业学校教师专业标准、职业学校发展和教师未来需要相结合。这样的培训方案才具有现实针对性和实效性。培训方案应体现表 11–1 中的特征（余新，2012）。

表 11–1　　培训方案特征

所涉方面	特征
立足点	学习需要
培训课程原则	以学员为中心
培训课程目标	可以测量
活动过程	体验式、参与式、情境式
实施方式	灵活多样、资源丰富
评价	多方评价
结果	与工作需求紧密结合

2. 实践性应为在职培训的主要实施理念

尽管不同年龄阶段的学习存在共性，但成人学习因为发展过程、经验因素、生活情境的影响而与非成人学习有所差异。成人学习强调需求驱动、自我导向和现实转化。

职业技术教育教师是成人学习者，开展专业发展实际上就是促进其专业工作的不断改善。改善首先需要学会在工作情境中做正确的事，因此在培训中要结合教师所从事工作的具体工作场景（崔允漷、柯政，2013）。当教师在学校里从事各种专业教育教学活动时，能够进一步对自己的具体经验进行观察、反思、总结，甚至主动去用实验验证时，教师的专业发展效果就会更加明显、更加富有成效。

3. 跟踪指导与研究应为培训质量保障的重要举措

了解职业技术教育教师的在职培训成果如何应用于教育教学过程中，以及其应用到何种程度，离不开培训后的跟踪指导与调查研究。教师专业发展不是一次性的，专业发展中的高质量在职培训也不是单次培训本身，而是把培训成果应用于教育教学实践当中，同时结合培训成果的实践应用给予具体指导，使培训目标真正落到实处，体现到学生教育和人才培养上。

另外，加强培训效果的跟踪调查与研究，对职业技术教育教师后续在职培训和专业发展质量的改进和完善具有重要价值，并且有助于在职培训机构（培训基地）工作效率和质量提升，对教师专业发展管理工作的加强也具有重要价值。

思考题

1. 职业学校教师职业具有哪些特殊性?

2. 职业学校教师专业化的内涵是什么?

3. 怎样进行职业学校教师的专业化培养?

4. 教师专业成长与专业发展存在哪些差异?

本章主要参考文献

[1] 崔士民. 职业教育学概论 [M]. 成都：电子科技大学出版社，2008.

[2] 何菊玲. 教师专业成长的现象学旨趣 [J]. 教育研究，2010（11）：88-94.

[3] 吴庆麟. 教育心理学——献给教师的书 [M]. 上海：华东师范大学出版社，2003.

[4] 贾亮亭，张秋杰. 教师专业发展与教师专业成长的差异及促成策略探究 [J]. 教育导刊，2012（10）：65-68.

[5] 余新. 教师培训师专业修炼 [M]. 北京：教育科学出版社，2012.

[6] 崔允漷，柯政. 学校本位教师专业发展 [M]. 上海：华东师范大学出版社，2013.

[7] 颜明忠，张建荣，王建初. 从国际比较角度看“双师型”职教师资培养 [J]. 职业技术教育（教科版），2002（19）：49-51.

[8] 高山艳. 我国中等职业教育师资培养研究述评——兼论“三性合一”的职教师资培养课程 [J]. 职教论坛，2010（31）：53-56.

[9] 赵晓雨. 职教师资职前教育课程结构的改革与思考 [J]. 中国职业技术教育，2010（12）：71-74.

第12章 职业技术教育质量保障与评价

第 1 节 职业技术教育质量内涵

一、教育质量的界定

（一）产品质量的理解

《辞海》中关于“质量”的定义是“产品或工作的优劣程度”。美国著名的质量管理专家朱兰认为，产品的质量就是产品的适用性，即产品是否符合使用的需求，是否满足人们对产品的要求。国际标准化组织在质量管理体系标准中对质量的界定是：一组固有特性满足要求的程度。质量是人们评定一个产品或者一个体系符合需求标准的程度。

（二）教育质量的内涵

《教育大辞典》对“教育质量”的解释是：教育水平高低和效果优劣的程度。教育质量主要受以下几类因素影响：①教育制度、教学计划、教学内容、教学方法、教学组织形式和教学过程等；②教师的素养、学生的基础和师生参与教育活动的积极程度。该定义也同样适用于职业技术教育。

产品质量主要针对物，而教育质量主要针对人。教育质量最终体现在培养对象的质量上。衡量的标准是教育目的和各级各类学校的培养目标。前者规定受培养者的一般质量要求，也是教育的根本质量要求；后者规定受培养者的具体质量要求，是衡量人才是否合格的质量要求。教育质量的考查对象主要是培养对象即学生，学生通过教育在能力发展和思想提升方面程度如何。

二、教学质量与专业教学质量

教育质量是一种特定的社会实践（人才生产）质量，最终由其产品——培养的人才来体现，不仅包括教师“教”和学生“学”的各个方面，还包括了教育环境建设、学校氛围、教学保障等方面（裴娣娜，2005）。教育质量最核心的要素是教学质量。

教学质量主要是由教师“教”和学生“学”两个方面的质量构成。它是指学校教学是否达到一定的质量要求，是学校在一定条件下满足学生身心发展、满足当前和未来社会发展需要的教学活动过程和结果特征的总和。职业院校中的教学质量核心环节主要体现在专业教学质量上。这是因为专业是职业院校教育教学结构中的基本单元，学校通过专业教学过程达到人才培养质量要求。

专业教学质量主要体现在职业院校各专业的教学工作是否适应社会的需求、满足教育对象发展的需要两个方面。根据专业教学质量构成中输入、过程、输出三个基本要素对专业教学质量进行界定，专业教学质量即专业教学条件质量、专业教学过程质量和专业教学结果质量。其一，专业教学质量指政府或其他机构对学校专业教学的投入，以及学校所占用的教学和人力资源等，主要强调教学条件质量（输入方面）。其二，专业教学质量主要强调在教学过程中，教师“教”与学生“学”两个方面过程的质量，强调教学过程的组织是否优化（过程方面）。其三，专业教学质量既要对专业教师的专业教学能力和教学效果做出估计，又要对学生的专业学习能力和学习成果做出估计（输出方面），专业教学结果质量强调学生的发展变化，即学生获取的专业知识、技能和价值观满足教学目标、工作岗位需要和个人自身发展需要的程度。

专业教学质量是伴随专业教学过程所产生的结果，专业教学过程决定着专业教学质量。职业院校专业教学质量应该是以社会需求为导向，以能力为本位，以适应社会需求、获得用人单位好评为标准。从根本上说，教学质量评价就是判断、检测职业技术教育所培养人才的发展水平与经济社会发展实际需求之间的符合程度（孙志河、刁哲军，2008）。与普通教育相比，职业院校的专业教学质量有如下几个特征。

（一）适应性教育质量观

职业院校应以适应社会需求为质量评价标准。这种适应性包括满足学生个人发展的需要和满足国家、用人单位的需要。

（二）开放性教学模式

职业院校教学模式的开放性主要表现为以职业能力为基础，强调教、学、做合一。衡量这种开放性教学模式的质量标准是学生的学习效果。

（三）实践性专业能力训练

实践性是职业技术教育的一个显著特点。职业院校的培养目标定位于应用型人才，学生的职业能力就是衡量教育教学质量的重要标准。

（四）社会性管理系统

职业院校的布局、专业设置、人才规格、教学内容等的确定，都必须适应社会经济发展的客观需求。职业技术教育系统的整体运行，必须在学校、企业和社会的共同协作与配合下才能实现。

（五）可控性教学过程管理

职业院校的教学过程分为课程开发、教学实施、教学保障、教学督导与评估等环节。过程是相互关联和相互作用的，每个过程又都会在不同程度上影响教学质量。要想提高教学质量，必须重视教学过程。

三、职业技术教育质量观

职业技术教育质量观是对职业院校教育工作和学生质量的基本看法。其主要着眼于对学生质量的评价，因为学生质量取决于教育工作质量。片面质量观单纯以学业成绩或单纯以品德表现来评价职业技术教育质量。全面质量观认为，职业技术教育质量标准具有综合性，其实质是看学生全面发展、教学任务全面完成和全体学生全面提高的状况。其包括学生德、智、体、美、劳几个方面的发展是否达到知、情、意、行的统一，知识与能力的统一，理论与实际的结合，智力与体力的协调发展。

（一）知识本位质量观

知识本位重视的是按知识内在逻辑关系所构成的整体。建立在知识本位基础上的知识本位质量观认为，学生学习到的知识多为显性知识、陈述性知识，因此强调课本的重要性，要求理解并记住课本知识，这样才可以用课本上的知识去应付灵活多变的实际问题，并为未来就业做准备。知识本位质量观是对我国影响较为深远的传统教育理论，影响着我国整个教育体系。

在知识本位质量观的背景之下，教学被定义为以传授课本上成体系的学科知识为主要教学目的或唯一教学目的的活动。专业课教学与普通文化课相同，强调知识本位；基于学术，注重理论课和理论教学，强调学科知识体系的完整性和系统性；以学科为中心，多为三段式课程设置，分别为公共基础课、专业基础课、专业课。同时，教育质量注重的是知识传授和学生对于知识的获取和掌握程度。学生学习到的知识无法直接应用于实践，更多表现为死知识，学生的学习变成死记硬背。

（二）能力本位质量观

20 世纪 90 年代以来，能力本位成为职业技术教育改革的指导理念。“能力”一词指完成工作所需的原理知识和技能。职业技术教育应该培养学生的综合能力，包括专业能力、方法能力和社会能力。专业能力一般是指与岗位相关的专业知识、技能，是从业的基本条件。方法能力包含独立思考的能力、分析判断与决策的能力、获取与利用信息的能力、学习掌握新技术的能力、革新创造的能力、独立制订计划的能力等。社会能力包含组织协调能力、交往合作能力、适应转换能力、批评与自我批评能力、口头与书面表达能力、心理承受能力、社会责任感等。

综合能力理解为一种适应社会需要的职业能力，它是学生进行职业活动所需各项能力的综合。综合能力是实际就业环境中对职业角色的各种期待，这些期待分解成职业标准的各项具体指标。

能力本位质量观要求各职业院校必须以职业活动为导向、以能力为目标、以学生为主体、以素质为基础、以项目为载体，开展理论和实践一体化的教学活动。

第 2 节
职业技术教育质量保障

物质基础是职业技术教育活动和事业发展的物质条件，是职业院校办学的物质保障。它包括为职业技术教育活动服务或用于职业技术教育活动的一切物质资料，如校舍、教学仪器设备、图书情报资料、通信和交通工具、材料和低值易耗品等。其数量、质量和构成反映教育的技术装备水平，一定程度上决定着教育质量，受经济、科学技术发展水平的制约，随经济和科学技术的发展而提高。

质量是职业院校办学的生命线，职业技术教育需要建立完善的职业技术教育质量保障体系。根据职业技术教育质量保障主体的差别，可以把职业技术教育质量保障体系分为内部质量保障体系和外部质量保障体系。外部质量保障体系是教育行政部门和社会各界为保障职业院校学生的教育质量而采取的相关措施（李钰，2011）。从经济学角度分析，职业技术教育质量保障体系可以分为输入质量、过程质量和输出质量。其中，输入质量主要取决于社会各界、职业院校管理层和教师对于教育和管理工作的投入，包括硬件的教学条件和设备投入，软件的专业教师、领导、管理者和教学经费的投入，这些元素的输入质量直接影响后期过程质量和输出质量。过程质量指专业教师、学生和企业三方在课堂教学和实训等方面的质量，具体体现在专业设置、课程设置、课堂教学设计，以及教学过程、方法和手段方面。输出质量是整个教育保障体系的末端，主要在于个人、企业和社会的需求满足程度，这也是系统化的教学过程所带来的预期和非预期的效果。

一、职业技术教育质量管理

人的教育质量与产品质量有着很大不同，因为在接受教育过程中，人不是物，而是一个带有主体意识的生命体，这给职业技术教育质量管理带来很大的困难与挑战。但是，教育工作过程管理与产品质量管理也存在着一定的相通之处，因此有必要了解一下产品质量管理。产品质量管理指以保证产品质量为核心而采取的一系列经营管理方法的总称。质量管理大体有三个发展阶段。

（一）质量检验阶段

其特点是抽样检验产品，即只是检验部分产品，而不是全样本整体检验。因此，这个阶段不能从根本上来控制产品质量。

（二）统计质量阶段

其特点是强调用管理统计方法，从产品质量波动中找出规律，采取有效措施使生产过程中的各个环节控制在正常状态下。这个阶段也难以全过程针对所有产品质量进行控制与管理。

（三）全面质量管理阶段

以向服务对象提供满意的产品和最佳的服务为目的，以组织的全体职工为主体，综合运用现代科学和管理技术成果，控制影响质量构成全过程的各种因素，以最经济的方法实现高质量、高效益的科学管理。其主要特点是：①管理内容的全面性，包括产品质量及其赖以形成的工作质量；②管理范围的全面性，即全过程的质量管理；③管理方法的全面性，即运用各种管理方法进行质量管理；④管理工作的全员性，即调动全体职工对产品质量负责。

全面质量管理的思想基础是"质量第一"，特别强调对全体职工进行质量意识和责任感的教育。它用于职业院校管理，则成为保证教育目标实现和各方面工作优化的一种科学的管理方法。它要求：第一，对全校人员进行质量意识和责任感的教育，并同相应的荣誉、利益相联系，提高人员的质量意识和责任感；第二，实行全员、全过程和面向全体学生的"三全"管理，把管理工作的全过程质量、全面质量和成果质量结合起来；第三，采用科学手段，实行定性分析与定量分析相结合的方法，评定学校工作的质量，尽可能用数据说明问题；第四，掌握教育质量的波动规律，控制好影响教育质量的各种因素，保证教育质量持续、稳定提高。

二、职业技术教育改革

改革或革新在教育领域是一个常见的现象，也是提升教育质量与内涵的重要策略与手段之一。开展职业技术教育改革是职业技术教育质量得到保障的重要途径，主要是改变或变革职业技术教育方针和制度或革除陈旧的教育内容、方法。其目的是提高教育质量，使职业技术教育适应社会和人的发展。

（一）整体职业技术教育改革

它是对各项职业技术教育制度（包括管理体制）、内容、方法进行全面系统改革。各项改革内容、步骤相互协调、相互配合，改革强调整体效果。其目的在于解决职业技术教育与政治、经济及其他社会现象之间不相适应的问题和提高教育质量。这样的改革牵涉面广、工作量大，难度与阻力也很大，相对比较激进，当然也存在改革不成功或失败的风险。

（二）部分的、单项的职业技术教育改革

比如专对某项职业技术教育内容或教育方法的改革，目的在于解决教育各因素之间的不平衡和提高教育效能。现代职业技术教育改革一般在一定的理论指导下，在改革实验取得经验的基础上进行。这种改革相对容易些，可操作性强，牵涉的面和人也会少一些，属于渐进型的，推进的力度相对要小，可以在试点成功基础上进行推广。

三、职业技术教育质量保障主体构成

学校的教学条件、实训基地的建设、培养目标定位、课程实施师资力量、生源质量等方面都是相互联系、相互影响的不可分割的体系。只有保障这些因素，才有可能使教育质量得到提高。从利益相关方的角度来看，此处的保障主体包括政府、学校、师生、社会和企业。

（一）政府

在我国各级各类教育教学质量监督和保障体系中，政府、学校、社会是三个彼此独立又相互联系的主体。职业技术教育也不例外。其中，政府引导在保障体系中占据核心地位，而社会的参与和监督对职业技术教育的发展也有重要意义。政府主要通过政策和体制方面对职业技术教育质量进行监督和保障。

（二）学校

学校自身对教学目标、教学过程和最终教学成果的评价是最直接的评价，同时也是最能反映问题的评价。无论是中等职业技术教育还是高等职业技术教育，都有一套符合院校自身发展的监督系统。学校是教学质量保障体系的管理机构，是开展该项工作的指挥者和决策者。学校自身的保障体系主要包括教师和学生、教研室（组）或系（科）、校长三个层次。

（三）师生

在教学活动中，教师与学生构成了互为主客体的复杂关系。教师和学生是教学活动的直接参与者，也最能直接反映存在的问题。教师和学生可以通过及时反馈信息，使学校认识到存在的问题，加以改进，从而提高教育质量。

（四）社会与企业

职业技术教育以就业为导向，培养行业企业所需要的技术技能型人才。这一特性决定了职业技术教育比普通教育更需要社会各个行业的参与，需要企业用人单位参与到教育教学中。社会各个行业和企业单位对他们所需要的人才标准有着明确的要求，邀请他们参与到职业技术教育教学中，无疑对职业技术教育的发展是助力，能够明确职业技术教育的培养目标。

四、职业技术教育质量监督和保障体系

建立质量监督和保障体系是职业技术教育质量持续有效提升的关键支持条件之一。职业技术教育质量监督和保障体系主要包括教育督导制度、教学管理制度、教学信息反馈制度、教学质量评价制度。

（一）教育督导制度

教育督导制度是县级以上各级人民政府为保证国家有关教育的法律、法规、方针、政策的贯彻执行和教育目的的实现，对所辖地区的教育工作进行监督、检查、指导、评估的制度。教育督导是人民政府的行政监督行为，督导的对象是下级人民政府、教育行政部门和其他相关职能部门，以及学校和其他教育机构。

（二）教学管理制度

要搞好办学和人才培养工作，每所学校都离不开一套科学、合理、完善的教学管理制度。教学管理制度是学校根据具体的办学总体目标、教育教学活动的规律和实际需要制定的，包括教学的管理规章、教师的教学工作规范、日常的教学教务管理、考试考核管理办法、教学工作计划和进度管理、教学质量检查、实训基地管理、实习管理、学生学籍管理、学生日常管理等内容。

通过这一系列相关的教学管理制度，明确学校各个部门、人员的职责，保障教学计划的顺利落实、教学工作的顺利开展，最终才能按预定计划与要求完成相应的教学任务，以真正实现课程教学目标和人才培养目标。

（三）教学信息反馈制度

教学信息反馈包括对教学检查信息、教学督导信息、学生信息、教师信息的反馈，将这些信息及时地反馈，掌握实时的教学状况，有利于确保教学质量得到及时和有效监控。学校根据反馈的信息来制定下一步的教学目标，并及时地调整教学方法等，可以更好地开展工作。

随着教育信息化技术的应用与推广，可以通过教学平台或软件系统、电子问卷、网络调查、班级群等手段，进行及时、灵活的教学信息方面的反馈活动。

（四）教学质量评价制度

1. 积极贯彻执行培养方案、教学大纲和上级有关教学工作的指示和要求，需要严格按照各教学规定来组织实施教学。

2. 需要对教师、学生、教学资源与条件（涵盖教材、教具、图书、仪器、教学设备等）等影响教学质量的主要因素给予具体管理与控制。例如，指导教师明确教育教学思想与理念，端正工作态度，不断有意识地提高自身的业务水平和教学能力。这些方面都要求学校建立和健全教学管理机构、规章制度，并有效提高管理人员素质等。

3. 将社会和企业对人才的要求与学校培养的学生实际水平进行分析与比较，从质量反馈结果信息中寻找存在的问题与差距，进而对课程设置、教学内容、手段形式、策略方法等的形成和影响教学质量的工作过程进行有针对性的管理与控制。

4. 通过教务部门、教研室、备课小组等，经常和定期开展教学检查工作，掌握教学现状与动态。严格考试评价制度，做好试卷或考试结果分析。及时向教师和有关方面反映教学中存在的问题，从教育教学组织管理上把好质量关，以使人才培养与教学质量向预定指标和目标推进。

5. 结合专业特点，从教育教学实际出发确定质量发展具体指标与目标要求，能在实际落实过程中及时发现偏离指标或达不到要求的情况，并采取有效措施进行具体协调与控制。

第 3 节 职业技术教育质量评价

一、职业技术教育评价

（一）教育评价的内涵分析

教育评价是指通过系统收集信息，对职业技术教育目标和实现目标的教育活动进行分析和价值判断的过程。其具有代表性的说法有以下四种。

1. 泰勒早期将其解释为确定实际达到教育目标程度的过程，即将实际表现与理想目标加以比较的过程。

2. 克龙巴赫等认为教育评价是为决策提供信息的过程。

3. 斯克里文等主张评价是一种既有描述又有判断的活动，是一种对优缺点和价值的评估。

4. 布卢姆认为教育评价是一种获取和处理用于确定学生水平和教学有效性的证据的方法，是比较教育终极目标与教学任务目标的一种辅助手段，是确定学生发展程度的一种过程，是教育研究与实践中的一种工具，是一种反馈矫正系统。

1986 年，泰勒在《教育评价概念的变化》一书中将教育评价归纳为“检验教育思想和计划的过程”。

随着教育的发展和研究的深入，教育评价的内涵、功能和范围都在不断变化，并趋于完善，其基本含义大体包含四个方面：①一种系统地收集资料的过程，系统性是其重要特点；②注重对资料的解释，不仅收集资料，而且要对资料进行解释、分析；③不仅是对教育情境的描述，更是一种价值判断；④以行为为切入点，从行为的角度进行判断、分析、比较，以便于决策、采取更优的教育政策和改进教育实践。

教育评价通常分三个阶段：①确定评价对象；②收集和分析各种有关信息；③得出结论并将结果反馈给评价对象。其涉及教育领域的一切内容。

（二）教育评价分类

在职业院校教育中，评价对象主要是学生、教师、管理人员、课程、教材、教学程序、教学规划，还可以是教育制度、教育目标等。评价所收集的信息，其主要内容为评价对象的目标、计划及其实现的过程、结果和效益。教育评价方法有测验法、专家咨询法、调查法、统计法等。

1. 按目的分类

（1）诊断性评价

诊断性评价在教学计划实施的前期阶段进行，重在对学生已形成的知识、能力、情感等发展状况做出合理的评价，为教学计划的有效实施提供可能的信息资源。

（2）形成性评价

形成性评价在教学和学习过程中进行，一般以学习内容的一个单元为评价点，及时反馈并根据学生个体的差异进行针对性的矫正。相对于其他两种评价，它测试的次数比较频繁，概括的水平较低。

（3）总结性评价

总结性评价在教学和学习后进行，是对教学和学习全过程的检验。相较于其他两种评价，它测试的次数较少，概括的水平较高，测验内容和范围都要高于前两种。

2. 按评价者分类

教育评价可分为自我评价、行政评价、社会评价、同行评价等。

（三）职业技术教育评价标准

其是对职业技术教育质量要求的具体规定。其恰当与否，直接关系到能否使评价起到积极作用。制定时应考虑社会对教育的要求，依据教育科学理论，并兼顾评价的具体目的和评价对象的总体状态。其由下面三个主要部分组成。

1. 效能标准分为效果标准和效率标准两种，前者衡量工作效果，后者根据产出与投入的比例衡量工作成果。

2. 职责标准是对评价对象所应承担的责任和完成任务的情况进行评价所制定的标准。

3. 素质标准是对承担各种职责或完成各项任务应具备的条件提出的标准。

（四）职业技术教育评估（assessment）与评价

职业技术教育评估是指根据既定的目的，确定相应的目标，建立科学的指标体系，通过系统地收集信息和定性定量分析，依据客观的价值标准对教育系统的功效和工作状态进行评议和估价的过程。所获取的信息和资料为教育的科学决策提供重要依据。1963 年，泰勒在领导对全美国教育进展情况进行的一次国家级的大规模评价中，首先使用“assessment”（评估）一词，以区别于以往小范围的、侧重于学生个体特征的教育评价。在我国，教育评估一般作为教育管理的一个环节，主要用于对学校办学水平、办学方向和办学条件的评价。

（五）职业技术教育评价工具

对职业技术教育评价对象进行测定时所采取的方式和手段，常用的有如下 13 种。

1. 传统的论文考试。

2. 改良的论文考试。

3. 标准化考试。

4. 教师自制的客观测验。

5. 问题情境测验。

6. 行动观察记录。

7. 自我诊断测验。

8. 问卷测试。

9. 谈话测试。

10. 创作、作品分析。

11. 实验报告、研究报告、作品及其他业绩分析。

12. 实践操作性作业。

13. 个案研究。

二、职业技术教育教学质量评价

教学质量评价是指依据教学目标对教学过程中的各种因素及其综合结果做出科学判定。其目的是为进一步改进教学工作提供依据，使教学按一定方向和水平有序地达到既定目标。

教学质量评价一般分为行为评价和效果评价。前者以教师在教学活动中的行为为直接的评价对象，教师的行为通常体现在教学方法、教学能力、教学态度等方面。后者以教学工作的最后结果，即以学生的学习成绩（包括行为的变化、能力的增长、学术水平的提高）作为评价教学质量的依据，常用的评价方法有考试、座谈、问卷测试、实践检验等。

（一）教学质量标准

教学质量标准是为衡量教学应达到的目标而制定的具体明确的标准。教学的对象是人，教学过程可变因素多，质量难以量化。世界各国正应用数学方法，通过实验，在取得可靠资料的基础上探讨量化标准问题。不同社会制度、不同阶级的教学质量观不同。我国坚持以德、智、体、美、劳全面发展作为制定教学质量标准的依据。具体做法是：

1. 从学生原来的基础出发，提出经过努力应达到的符合教学大纲要求的各学科或专业的质量标准和综合教学质量标准。

2. 对教师的备课、讲课、布置和批改作业、辅导、考核，以及学生的预习、听讲、复习、作业、小结等主要环节提出质量标准。

3. 对教学辅助工作，如各部门对教学活动的协调和服务、资料供应和数据统计等提出质量要求。衡量教学质量要有数量指标，如识字量、优秀生率、不及格人数占参加考核人数的百分比、领导和教师听课节数等。衡量教学标准还要有程度标准。例如，教师讲课要体现教材的思想性、科学性，布置作业要考虑学生负担；学生听讲要理解教师思路，抓住重点、关键和难点，实验要有记录和报告等。

（二）教学质量分析

教学质量分析是将质量检查中获得的信息与原定质量指标进行对照、比较的过程，旨在为改进教学提供依据，其内容包括两方面。

1. 数量统计分析

比如，分析历年优等生人数占总人数的百分比，不及格人数占参加考核人数的百分比，三好学生、优秀班集体增减情况，从变化曲线上判断质量高低的变化。

2. 因果关系分析

影响教学质量的因素很多，可从校风、学风、班风、家庭和社会环境、班主任及团队工作、教师教和学生学等多方面分析研究，找出主要制约因素。其方法主要有四种。

（1）层次分析法

从学生个人到班级、年级、学校列出不同层次所达到的成绩指标，分析各层次存在的主要问题，并研究改进措施。

（2）对比分析法

比如，将本学期各年级的各科考试成绩与过去同年级的各科成绩进行对比，将同一教师所教的不同班级进行对比，从中分析教学质量的高低和问题。

（3）特征分析法

从学生理解、掌握、运用知识和发展智能等多方面分析学习质量的特点和达到的水平。

（4）原因分析法

找出影响教学质量的各种原因，按主次整理后绘制因果关系图，分析影响教学质量的主要问题，以确定教学管理重点。

（三）教学质量检查

教学质量检查是将现实的质量状况与质量指标相对照，评价和鉴定教学工作是否达到质量标准的管理活动。其旨在采取措施改进教学工作，形式有如下三种。

1. 全面定期质量检查，如期中、期末考试。

2. 统一测验或考试，如在某地区进行统考，并按统一的评分标准评卷，以检查教学质量。

3. 抽样测验，即有针对性地设计考题，以了解某方面的教学问题。比如，为检查学生的运算速度，有意识地测验学生对某些问题的运算时间。具体方法可概括为四种。

（1）通过笔试、口试、实验操作鉴定质量。为使检查有效、可靠，命题要符合教学大纲、教科书和学生的发展特点，评分要科学、符合标准。

（2）由教师、家长和社会有关部门根据学生知识、智力、分析问题和解决问题的能力，对不便于考试的项目和内容进行不同程度的比较、评判。

（3）通过召开教学汇报会、听课、查阅教学情况表等，检查教学任务的完成情况和效果。

（4）建立学生知识档案，检查学生已掌握的知识和存在的知识缺陷，做到全面检查与单项检查相结合、发现问题与总结经验相结合，促进教学质量不断提高。

三、职业技术教育教学评估与教师评价

（一）教学评估

教学评估是基于所获得的信息对职业院校教学（或实习实训）效果做出客观衡量

和判断。基本范围包括教学目的、教学内容、教学方法的选择和合理运用，以及教学过程各环节的有机结合和学生学习的积极程度等。

1. 评估原则

（1）效果的个性差异原则

各人的教学存在一定的差异，这是进行教学评估的重要依据。

（2）社会客观要求原则

具体教学评估必须坚持教学大纲提出的统一要求和基本精神。

（3）依靠测验成绩分析原则

成绩虽不是衡量学习质量的唯一标准，但它仍是教学评估的重要依据，对其分析可获得许多重要信息。

2. 教学评估标准

（1）效果标准

效果标准指每个学生在某一时期内，根据所提出的任务，尽自己最大可能所达到的知识、技能、思维素质和智能发展方面的实际水平。

（2）时间标准

时间标准指教学评估应具有速度和时间的意义，即要表明学生在规定的时间内，根据现行教学大纲的要求达到的水平。

（3）活动性质标准

活动性质标准指教学评估不仅要考虑效果，还要评估达到效果所采取的手段和方法。

（二）教师评价

教师评价是指对职业院校教师的教学活动及其效果的测量和判断。主要目的：评价教师的专业技能、教学水平和教学质量；检查教师履行职责的状况，研究改进与提高教学质量；协助学校领导在教师的选择、聘用、晋升、合同签订、奖励、终身职务授予和纪律处分时做出科学、正确的决策。

1. 课堂观察

课堂观察可用于多种目的，但主要用来评价教学质量，由校长、顾问或上级领导等以各种观察标准、系统方法和工具，直接观察教师组织课堂教学、有效使用时间的水平和技能，以判断其教学的目的、内容与效果。

2. 直接测验

直接测验即利用可行的教育测量方法，对教师的学术水平、基础知识、专业知识和能力进行测验。

3. 间接测验

间接测验即阅读有关教师的人品、教学经验、学术成果等方面的资料，调查、搜集教师课外个别辅导、家庭访问、社会活动等情况，将其作为教师评价的补充材料。

4. 学生评价

学生评价即由学生填写评价表格。

5. 综合评价

综合评价是由专家综合教师落实教学计划、使用教材、进行考试评分等活动的情况进行评价。

6. 测量和分析学生成绩

测量和分析学生成绩是为了研究教师教学与教学目标的相关程度。

7. 自我评价

自我评价即教师通过自我总结和对学生成绩的分析，对自己的教学效果做出评价。

思考题

1. 职业技术教育质量的内涵是什么？
2. 职业技术教育有哪些质量观？
3. 如何开展职业技术教育质量管理？
4. 如何进行职业技术教育教学质量评价？

本章主要参考文献

[1] 顾明远. 教育大辞典［M］. 上海：上海教育出版社，1990.

[2] 裴娣娜. 现代教学论：第一卷［M］. 北京：人民教育出版社，2005.

[3] 孙志河，刁哲军．中等职业教育教学质量评估体系的研究［J］．中国职业技术教育，2008（28）：5-9.

[4] 李钰．上海市中等职业教育外部质量保障体系的构建［J］．职教论坛，2011（10）：40-44.

[5] 张志勇．中国教育的拐点［M］．北京：教育科学出版社，2010.